JN201143

中将姫の寺

當麻寺の365日

當麻寺中之坊貫主
松村實昭

まえがき

かつて作家の井上靖《いのうえやすし》さんが當麻寺《たいまでら》を訪れたことがある。井上氏にしてみれば當麻寺は牡丹の寺か、せいぜい練供養《ねりくよう》の寺くらいの認識しかなかったらしい。氏を応対した当時の中之坊《なかのぼう》住職が當麻寺を一通り案内してまわったところ、「これではどこに焦点を当ててよいかわからない」とため息をつかれたそうである。どうやら井上氏はエッセイか何か簡単な記事にするつもりでおられたらしいが、「書くならまた改めて取材に来ます」と言ってその時の原稿はあきらめたという。

當麻寺は見どころが多いのはもちろんであるが、それにもましてたいへんわかりにくい寺ではないかと思う。長い歴史の中でいろいろな変遷があり、お寺のご本尊が仏像ではなく曼荼羅《まんだら》であったり、お寺の中にまたお寺があって、真言宗《しんごんしゅう》と浄土宗《じょうどしゅう》が同居していたりもする。いまだ解明されていない謎も多い。知れば知るほど、調べれば調べるほど、よけいに文章としてはまとまらなくなるのではないかと思う。

今回、興福寺《こうふくじ》さまからはじまった「〇〇寺の３６５日」のシリーズで「當麻寺の３６５日」のオファーをいただいた。この寺で生まれ育った私でも、何から書いたらいいのかさえ定まらず頭をかかえてしまった。

まぁ近ごろは必要な情報はスマホで手に入るし、よくできた観光ガイドブックもたくさん出ているので、當麻寺をわかりやすく伝えるというようなことはほかに譲ってもよいだろう。それよりもせっかくなので、できるだけインターネットやガイドブックなどには載っていないようなこと、この寺の者にしかわからないようなことを書き留めていければと思う。

とりあえずは「當麻寺の３６５日」という本のタイトルに合わせて、當麻寺に伝わる伝統行事を追いながら日々のつれづれや、伝え聞いたことなどを書き連ねていくことにするので、よろしければお付き合い願えればありがたいと思う。

目次

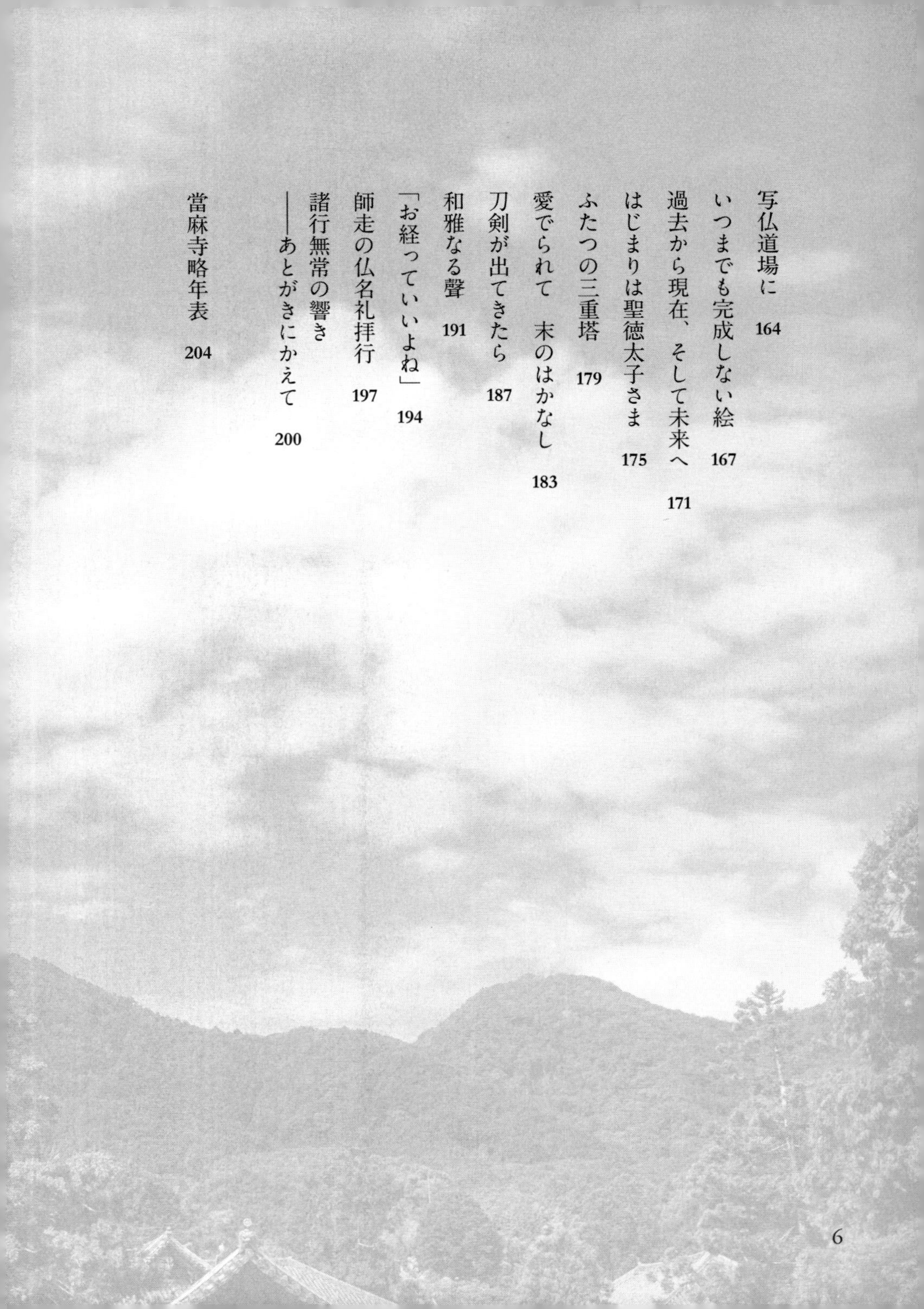

當麻寺の365日

修正会は寒い

當麻寺《たいまでら》の一年は修正会《しゅしょうえ》からはじまる。

修正会とは修正月会《しゅしょうがつえ》、つまりお正月にお勤《つと》めする法会《ほうえ》であり、お寺のご本尊さまへの一年最初のご挨拶でもある。

當麻寺の中には曼荼羅堂《まんだらどう》、金堂《こんどう》、講堂《こうどう》、東塔《とうとう》、西塔《さいとう》といった大きな建物がいくつかあるが、それらのお堂は仏《ほとけ》さまのお住まいする場所である。一方、その伽藍《がらん》の周囲には、中之坊《なかのぼう》、奥院《おくいん》、西南院《さいないん》など、僧侶《そうりょ》が住まいする僧院が建ち並んでいる。私はこのうち、中之坊に寝起きしている。

當麻寺は真言宗と浄土宗の二宗が同居する寺院として珍しがられているとおり、これらの僧院がそれぞれ真言宗か浄土宗かのどちらかに属しており、中之坊、西南院は真言宗であり、奥院は浄土宗である。各僧院に住まいする僧侶たちもまたそれぞれの宗派に属しているので、當麻寺には真言宗の僧侶と浄土宗の僧侶がいるのである。

元旦。

浄土宗の僧侶方《そうりょがた》は年初めにまず曼荼羅堂にお参りする。曼荼羅堂には中将姫《ちゅうじょうひめ》さまが感得されたことで知られる當麻曼荼羅《たいままんだら》がお祀《まつ》りされており本堂《ほんどう》とも呼ばれているから、最初のご挨拶をこのお堂で行うのは自然である。

しかし、真言宗のほうの僧である私が一年のはじめに向かうのは本堂であるこの曼荼羅堂ではない。真言方《しんごんがた》の僧が向かうのは金堂である。

金堂には弥勒菩薩《みろくぼさつ》さまがお祀りされている。今では中将姫さまの説話とともに當麻曼荼羅のほうが広く知られるようになったので當麻曼荼羅がこの寺のご本尊として拝まれるようになったが、創建時の當麻寺には當麻曼荼羅はまだ存在せず、当時のご本尊はこの金堂の弥勒さまであった。そのため、修正会は奈良時代より金堂にて行われており、今でも私は一月一日の最初にまず金堂に向かうのである。

私は〝痩《や》せ〟で寒さが苦手だ。

徒然草《つれづれぐさ》に「家の作りやう《よう》は、夏をむねとすべし」とあるように、昔の建物は夏に涼しくなるように造られている。その分冬の寒さは厳しい。お寺の建物はたいてい何百年もの歳月を経ているので、ゆがみ、隙間だらけで、少々暖めようとしても、あたたかくはならない。

そんな中でも特に冷えるのがこの金堂である。

現在の金堂は鎌倉時代の再建であるが、堂内は飛鳥時代の様式をそのまま残しており、床板《ゆかいた》も張っていない土間床《どまゆか》のままである。もちろん何の暖房設備もない。寒いというより冷たい空間で、震えながら私の一年ははじまるのである。

元日はまだいい。一月一日の修正会がはじまるのは大晦日の除夜《じょや》の鐘《かね》を撞《つ》きおえたあとの夜中の〇時半であるが、一月二日と三日の法要開始は朝の五時半過ぎ。日の出前の一日で最も気温の低い時間に冷蔵庫のような金堂に入るのである。指先がかじかむとか身が縮こまるのは当たり前だが、肺に吸い込む空気も冷たいのでお経の声も出にくい。修正会では法螺貝《ほらがい》も吹くのだが、これも冷えるとなかなか鳴ってくれない。

寒さの苦手な私には何年勤めてもなかなか辛い行《ぎょう》である。

が、しかし。

その分、身の引き締まることでもある。

一年のはじめを、この冷たく張り詰めた空間からはじめられるのは、本当に有り難いことだなぁと感じている。（というかそう思わないとやっていられない）

厳かな金堂の仏さま

金堂《こんどう》にお祀《まつ》りされているご本尊は弥勒菩薩《みろくぼさつ》さまだが、當麻寺の弥勒菩薩さまのお姿は「弥勒如来《みろくにょらい》」と呼ばれるお姿である。

「如来」は悟りを開いた存在である。煩悩《ぼんのう》から解放されているので、質素な袈裟《けさ》を身にまとい、静かに瞑想《めいそう》する姿であらわされる。

一方、「菩薩《ぼさつ》」というのは悟りを目指して修行している存在であり、その姿はお釈《しゃ》迦《か》さまの出家《しゅっけ》以前の姿であらわされる。お釈迦さまが出家する前は王子さまであったので、菩薩像はそれになぞらえて、きれいな衣を着て首飾りや耳飾りをつけてあらわされることがほとんどである。

弥勒菩薩さまは菩薩さまなので、普通は宝冠《ほうかん》を被ったりきれいな装飾品を身につけたりという美しいお姿であらわされることが多いのだが、當麻寺の弥勒さまはお釈迦さまのように頭は螺髪《らほつ》で体は袈裟《けさ》のみの質素なお姿である。弥勒菩薩さまは今、兜率《とそつ》天《てん》という天界にてご修行を続けられて、遠い未来にこの世に降り立って弥勒如来《みろくにょらい》となり、私たちを救ってくださると信仰されており、たいていのお寺では弥勒菩薩さまが兜率天でご修行中のお姿であらわされているのに対して、當麻寺ではあえて弥勒菩薩さまが未来に降り立ってブッダとなられる時のお姿で表現されているのである。そのため當麻寺のこの像は、「弥勒如来」とも、あるいは菩薩・如来どちらにも通ずるように「弥勒佛《みろくぶつ》」とも呼ばれている。たいへん珍しい表現である。

丈六仏《じょうろくぶつ》（立ち上がれば一丈《じょう》六尺《しゃく》の大きさになることを想定した約八尺の坐像）と呼ばれる大きな像で、土で作られている。土の像を塑像《そぞう》というが、飛鳥時代後期の作である本像は、日本最古の塑像とされており、国宝に指定されている。

まさに當麻寺の本来のご本尊としてふさわしく、その堂々とした体躯《たいく》から圧倒的な威厳を放っている。

そしてこの弥勒さまの四隅を守っている四体の四天王《してんのう》も、威厳や迫力という点ではご本尊に全く引けをとらない。むしろその独特な魅力はご本尊以上で、おそらく當麻寺で最もファンの多い仏像ではないだろうか。西域《さいいき》の武将を思わせる容姿とその凛々《りり》しさ、そして、その足元に踏まれた邪鬼《じゃき》の愛らしさもあいまって、たいへん人気が高い。

繰り返すが金堂は鎌倉時代の再建であるが内陣《ないじん》は飛鳥時代の様式のままの土間床《どまゆか》で、土壇《どだん》の上に飛鳥時代後期いわゆる白鳳期の仏さまが居並んでいる。まさに一三〇〇年前の姿が目の前にある。

金堂は仏さまの空間なので奈良時代以前は寺の僧侶であっても滅多に堂内には入らなかったようである。金堂の前に礼拝《らいはい》石という石が残っているが、昔はお堂の中ではなくお堂の前のこの石のあたりから法要を勤めていたようだ。幸い現在は一般の方《かた》もこの金堂に入ることができるので、ぜひこの空間を体感していただきたいと思う。一三〇〇年前にタイムスリップしたような感覚を味わえるのではないだろうか。

古い寺の法儀は難しい

金堂《こんどう》で行われる修正会《しゅしょうえ》では「弥勒悔過《みろくけか》」と「毘沙門悔過《びしゃもんけか》」という法会《ほうえ》が勤められる。“悔過《けか》”とは文字どおり過ちを悔い改めるということで前年の行いを懺悔《ざんげ》し新たな年の平安を祈念するというものである。

當麻寺はもとは三論宗《さんろんしゅう》であったとされている。しかし、実際には飛鳥時代や奈良時代には今のような宗派というものがはっきりあったわけではなく、どのお寺もひとつの仏教教学にとどまらずさまざまな教学が学ばれていたようである。そんな中で、例えば東大寺は特に華厳《けごん》経の研究が盛んであったのであろうし、興福寺は法相《ほっそう》の教学に秀でていたのであろう、當麻寺は三論宗だったとされているのは、おそらく三論学が盛んであったのであろう。特に、のちに述べる中将姫《ちゅうじょうひめ》の師僧である中之坊十一世の實雅《じつが》は三論学の高僧であったという。

平安時代になり、當麻寺に弘法大師空海《こうぼうだいしくうかい》さまが来られ、中之坊十四世の實辨《じつべん》が弟子となってから、當麻寺は真言の教学を深く学ぶようになり、やがて真言宗となったようである。

本やインターネットの記事などで、「當麻寺はもと三論宗であったが平安時代に真言宗に改宗した」という表現を見かけることがあるが、「改宗」というのは適当ではない。三論宗は「空《くう》」を学ぶ教えであるが、真言密教《しんごんみっきょう》も「諸法本不生《しょほうほんぶしょう》」（すべての根源が不生不滅であり空《くう》である）という教えに立脚しているので、全く違う系統の教えに変わったのではなく、三論宗の教学を引き継ぎながら真言密教に発展したということである。

なので、當麻寺の真言方《しんごんがた》に伝わる法儀《ほうぎ》作法は、真言宗以前のものを多く含んでいる。金堂の修正会でお勤めする「弥勒悔過《みろくけか》」や「毘沙門悔過《びしゃもんけか》」なども南都仏教《なんとぶっきょう》といわれる奈良時代の奈良仏教の法儀である。

私は高野山で修行をしているので真言宗のお経や作法を習得している。しかしこの悔過でお唱えする聲明《しょうみょう》は高野山で習ってきたものとは全く違うものだ。悔過は奈良の古寺ごとに独自に伝わるものが多く、それぞれの寺に口伝《くでん》で伝えられていて、同じ文言でも寺によって全く唱え方《かた》が違ったりするのである。

高野山で行《ぎょう》をおえて當麻寺へ帰ってきたばかりの頃は、この悔過の独特の聲明に全くついていけなかった。私は幸いに読経・聲明に関してはわりと得手なほうであり、同僚や後輩に教えることもままある程には得意なほうだったのだが、そんな私でも最初の数年は師匠である父が唱えるのになんとかついていくのがやっとだった。

そもそも父は教える気がないので、私がついてこれようがこれまいが全くお構いなしである。とにかく唱えるスピードが速い。

しかも一月一日、二日、三日は金堂での「弥勒悔過」「毘沙門悔過」で三日間とも同じ内容の聲明を唱えるのだが、四日からは講堂に移動し全く違う内容になる。四日と五日は最勝会《さいしょうえ》といって「金光明最勝王経《こんこうみょうさいしょうおうきょう》」を読み、六日は「千手悔過《せんじゅけか》」を勤める。七日は薬師堂、金堂を巡った後、本堂にて「阿弥陀悔過《あみだけか》」。それぞれ全く違う文言と微妙な違いの節回しで唱える法要なのでずいぶんと混乱したものだ。

最初の三日間の聲明は二年ほどで概《おおむ》ね覚えた気がするが、四日目以降の法儀は習得にかなりの年数がかかったように記憶している。懐かしく苦しい思い出である。

二宗共存のかたち

先に述べたように、一月一日の年明け、浄土宗の僧院の僧侶方《そうりょがた》は本堂である曼荼羅《まんだら》堂《どう》にお参りされる。時刻は真言僧と同じく夜中の○時半ごろで、除夜の鐘が鳴りおわるとそれぞれの僧院から僧侶がそろそろと出てきて、真言僧は金堂《こんどう》へ、浄土僧は曼荼羅堂へ向かい、それぞれで法要を勤めるのである。なのでその時間帯にはふたつのお堂でふたつの宗派の僧侶がそれぞれに法要を行っているという何とも珍しい時間が當麻寺では流れている。同じようなことが八月十五日にも起こるのだが、本書は一月から伝統行事を追っていこうと思うので、八月のことはまたのちに書くことにする。

一月二日と三日の朝は午前五時半ごろから真言僧が金堂での悔過《けか》法要を勤めたあと、曼荼羅堂に移動してまた勤行《ごんぎょう》を勤める。そしてそのあと、午前七時ごろから浄土方《じょうどがた》の僧侶が曼荼羅堂に参集して勤行をされる。本来は一月一日もこの二日、三日と同じスケジュールで、明け方の時間帯に、まず真言僧が金堂と曼荼羅堂で勤め、その後浄土僧が曼荼羅堂で勤めていたのだが、昭和から平成に変わる頃に、除夜の鐘を撞《つ》きに来られた方《かた》が法要の声を聴けるようにという配慮から元旦だけ時間が変更となった。

浄土宗の當麻寺への参入は中世以降、當麻曼荼羅の信仰の高まりとともに當麻寺とかかわるようになり、浄土宗の西山派《せいざんは》が南別所《みなみべっしょ》（現在の念仏院）を住処とし、鎮西派《ちんぜいは》が往生院（現在の奥院）を建立するなどして當麻寺に定着した。

南別所とは中之坊の南に位置した別院で、かつて當麻寺の住職は中之坊を住房としていて、當麻寺住職を引退した後は南別所に住まいを移し隠居していた。中世には使われていなかったようで、そこに浄土宗西山派の僧侶方《そうりょがた》が入寺し、念仏道場としたようである。

以降、徐々に浄土僧が當麻寺の護持運営《ごじうんえい》に携わるようになり、現在の二宗同居の珍しいかたちとなった。同じようにひとつのお寺にふたつの宗派が同居しているのは信州善光寺や宇治平等院くらいのものであるという。

當麻寺の年中行事のうち、金堂、講堂、東塔、西塔、薬師堂などで行われる伝統行事は、ほとんどが奈良時代や平安時代に起源を持つ法要であるので真言僧のみで勤められており、浄土僧の方《かた》が参加することはないのであるが、曼荼羅堂での法儀は、一月二日、三日の朝に行われているように、真言僧が勤めたあとに浄土僧がお勤めを行うというかたちで二宗参加の法儀が続いている。

あるいは、四月に行われる練供養会式《ねりくようえしき》は真言僧と浄土僧がそれぞれ別の役割でそれぞれに法要を勤めひとつの行事を成立させている。またあるいは、當麻寺主催の行事ではないが例えば地元の観光協会や老人会の依頼などで二宗合同の法要が行われる際には、阿弥陀如来根本陀羅尼《あみだにょらいこんぽんだらに》や舎利礼文《しゃりらいもん》を用いるなど、双方の僧侶が声を合わせられるように工夫して勤められている。

長い歴史の中で、教義や法儀が違う二宗が工夫を重ねながら共存してきた様子がさまざまな場面にあらわれているのである。

仏さまの呼び名が変わる？

一月四日から修正会《しゅしょうえ》の会所《えしょ》は講堂《こうどう》になる。この四日から六日までの三日間行われる講堂での法儀は伝統的に修二会《しゅにえ》と呼び習《なら》わされてきたので、もとは二月に行われていたのかもしれない。それなら七日に結願《けちがん》として曼荼羅堂《まんだらどう》で行われる阿弥陀悔過《あみだけか》は修何会？ という疑問が湧いてくるのであまり考えないようにしている。

講堂は金堂《こんどう》の後ろにある。當麻寺に来られた方《かた》ならおわかりになると思うが、當麻寺の正門である東大門《とうだいもん》から入り、中之坊《なかのぼう》や東塔・西塔を左手に見ながらまっすぐに本堂（曼荼羅堂）を目指していくと、参拝者は左右に並んでいる金堂と講堂の間を抜けて歩くことになる。そのため、金堂と講堂は本堂の前方の両脇に並んでいるように見えることだろう。しかし金堂と講堂の中に入ってみれば、実はこのふたつのお堂は左右ではなく前後に並んでいることがわかる。そして、左側に並んで立っているように見えた東塔と西塔こそが金堂の前方両脇にあるということがわかると、當麻寺の伽藍《がらん》配置は曼荼羅堂ではなく金堂を中心に並んでいることがわかってくるのである。このあたりは文章では伝わりにくいので、ぜひ足を運んで確認していただきたいと思う。

金堂がご本尊の住まうお館《やかた》であるのに対して、講堂は僧侶が集《つど》うためのお堂であり、そのため講堂は金堂より一回り大きく造られている。そして堂内には僧侶が集って経典を学んだり、法儀を勤めたりするスペースが板間で設けられている。金堂のように土間床《どまゆか》ではない分、寒さも幾分かましに感じる。

講堂は、本来は金堂に次いで建てられたはずであるが、残念ながら平安時代の兵火で焼失している。現在の建物は鎌倉時代の再建であり、お祀《まつ》りされる仏像は平安時代から鎌倉時代にかけての像である。建物よりも古い仏像が祀られているのは、兵火を免れた仏像が祀られているからである。

講堂にはたくさんの仏像がお祀りされているが、その中で、妙幢菩薩《みょうどうぼさつ》像は四日と五日にお勤めする「最勝会《さいしょうえ》」のご本尊であり、千手観音《せんじゅかんのん》さまは六日にお勤めされる「千手悔過《せんじゅけか》」のご本尊である。

そのうち最も珍しいのが妙幢菩薩像である。ほかのお寺で妙幢菩薩と呼ばれる仏像が祀られるのを聞いたことがないくらい珍しい像であるが、妙幢菩薩とは金光明最《こんこうみょうさい》勝王経《しょうおうきょう》に登場し、お釈迦さまの説法の聞き手となる菩薩さまである。最勝会ではこの金光明最勝王経を奉読するため、當麻寺講堂では珍しい妙幢菩薩さまが祀られているのである。

弘法大師さまによると妙幢菩薩さまはお地蔵さまと同じ菩薩さまであるとのことであるが、近年はこの像を僧形《そうぎょう》の神像《しんぞう》（お坊さんの姿をした神さまの像）と考える学説もあるそうだ。最勝会を勤めるにあたって、お地蔵さまに近い姿をした何らかの神像を妙幢菩薩とお呼びすることにしたということであろうか。しかし、彫像の由来はわれわれ僧にはわからないが、これまで妙幢菩薩さまとして拝まれてきた像であるし、私も今このお堂で最勝会を勤めているのであるから、これからも妙幢菩薩さまとして拝ませていただく。

また、講堂には阿弥陀如来《あみだにょらい》さまが二体祀られているが、そのうちの一体はもともと阿弥陀如来像ではなく釈迦如来《しゃかにょらい》像であったらしい。それが阿弥陀さまと呼ばれるようになったのは、當麻寺における阿弥陀信仰の高まりゆえだろうか。

千年を超える長い歴史のある寺では、仏像の尊名《そんめい》が変わるというようなとんでもないことも、そう珍しいことではないのかもしれない。

七日までの悔過は秘儀なので…

一月七日はいよいよ修正会《しゅしょうえ》の結願《けちがん》である。

この日はまず薬師堂《やくしどう》に参拝する。薬師堂は現在の當麻寺の地図からすると、境内の外に建っているお堂である。もとは當麻寺境内の中にあったものがお堂までの間に民間の道ができてしまって境内の外のようになってしまったのか、あるいは当初から鬼門の方角を守るために境内の外に建てられたのか。

薬師堂を出たあとはまた金堂《こんどう》に入るのであるが、この時の法儀も変わっていて、金堂の弥勒《みろく》さまや四天王《してんのう》を拝むのではなく、まずは東を向いて仁王門の仁王さまに向かって聲明《しょうみょう》を唱え、次いで南を向いて東塔と西塔の大日如来《だいにちにょらい》さまに向かって聲明を唱える、というお堂の中から外を拝む「遥拝《ようはい》」の作法を行っている。修正月行事の作法は変わったものばかりである。

そして最後は曼荼羅堂《まんだらどう》に足を運び、「阿弥陀悔過《あみだけか》」を勤めて、長かった七日間の法儀は結願する。浄土方は一月一日から三日までの三日間で結願するからうらやましく思うこともあるが、他の真言宗の寺では味わえないような、何やらわけのわからない法儀を七日かけて次から次へお勤めできることも、當麻寺の真言僧ならではのことで幸せなことであろうと思う。

曼荼羅堂には當麻曼荼羅《たいままんだら》がお祀《まつ》りされている。當麻曼荼羅は奈良時代、中将姫《ちゅうじょうひめ》という高貴な女性が、観音さまの力を借りて一夜で織り成したという縦横四メートルもの巨大な織物で、阿弥陀如来《あみだにょらい》さまを中心とする極楽浄土の光景が壮麗に描かれている。現在、曼荼羅堂に掛けられているのは室町時代に転写されたもので、中将姫の残した曼荼羅は、各時代で描き写されながら、大切に受け継がれている。當麻曼荼羅は全国的に信仰を集め、多くの方《かた》が當麻曼荼羅を目当てに當麻寺詣《もう》でをするようになり、いつのまにか當麻寺のご本尊は弥勒菩薩《みろくぼさつ》さまではなく當麻曼荼羅であると認識されるようになってしまったのである。

そんなわけで、當麻曼荼羅と中将姫については現在の當麻寺の信仰の中心であるから、本書においても書かねばならないことが多く、特に四月から七月には當麻曼荼羅と中将姫さまに関する行事が続くので、のちに詳しく述べさせていただくことにする。

ここまで一月一日から七日の悔過《けか》のことを長々と書いてきたが、実は修正会の悔過の法儀は秘仏の牛王像《ごおう》をお祀りして行う秘儀《ひぎ》のため、残念ながら一般の方《かた》は参列できない。ここまで紹介しておきながら申し訳ないことである。

しかし、一月十六日には中之坊《なかのぼう》で「十一面悔過《じゅういちめんけか》」が勤められており、ここでは秘仏をお祀りせずに一般の方《かた》も参列できる内容で行われている。當麻寺修正会の悔過における独特な聲明《しょうみょう》・読経《どきょう》に興味を持っていただいた方《かた》には、ぜひ一月十六日に中之坊で行われている十一面悔過に参列していただき、當麻寺・中之坊ならではの体験をしていただければと思う。

大寒の陀羅尼助づくり

一月といえば今は途絶えてしまったが長らく続いていた思い出の行事がある。大寒《だいかん》の陀羅尼助《だらにすけ》づくりである。陀羅尼助は古くから伝わるお腹の薬で愛用されている方《かた》も少なくないだろう。

當麻寺は飛鳥時代の創建だが、この當麻の地は役行者《えんのぎょうじゃ》の最初の修行地だったといい、當麻寺が創建された際には、役行者が金堂前で修法《しゅほう》し、竜神《りゅうじん》を出現させたという。その竜神の出現場所に役行者が開いた道場が中之坊《なかのぼう》である。

役行者は山岳修行者であるから山野の薬草に詳しかった。ケガをしたり体調を崩したりしたときに、どの草が何に効くかという知識は山中での修行の際に大いに役立ったことだろう。役行者は仏教とともに伝わっていた薬学の知識も生かしながらさまざまな和薬を作ったようである。その中でも最も有名で、今なお愛されているのが陀羅尼助という胃腸薬で、今に伝わる薬の中で最古の和薬とされている。役行者ゆかりの中之坊《なかのぼう》ではこの胃腸薬「陀羅尼助」を代々お寺で作り続けてきた。

中之坊の門をくぐり中に進むと土間がありそこに大きなかまどがある。これが「行者《ぎょうじゃ》の大釜《おおがま》」といって長年陀羅尼助を作り続けてきた釜である。

また、中将姫剃髪堂《ちゅうじょうひめていはつどう》の横に「役行者加持水《かじみず》の井戸」という井戸があり、釜に投じる水はこの井戸から汲まれる。

その製法は、毎年大寒の日に井戸から汲み上げた三石《ごく》六斗《と》の水を用いて、三十二貫《かん》目《め》の薬草（黄檗《オウバク》の樹皮と青木《アオキ》の葉）を、赤松の薪《まき》による火で焚き、三升《しょう》三合《ごう》にまで煮詰めるというもの。

こうした分量の数字や薪の種類までが細かく定められているところがいかにも伝統の宗教行事らしいと感じる。一般的にモノづくりの職人さんといえば熟練になればなるほどその日の温度や湿度で配分や時間を変えたりするというのはよく耳にすることだ。それこそが熟練の技であったりする。しかし仏事《ほとけさまごと》というのは決して変えてはいけないとされている。法会《ほうえ》における聲明《しょうみょう》や所作《しょさ》は、師から弟子に伝わったとおりにそのまま伝えていかないと、伝言ゲームのように微妙な違いが何代も先に大きな違いとなってしまう。仏教では法水写瓶《ほっすいしゃびょう》とか写瓶相乗《しゃびょうそうじょう》とかいって、瓶から瓶へ水を一滴もこぼさないで移すように、師匠から弟子へ法をそのまま伝えなければならないとされている。

この陀羅尼助の製薬は、水が最も清らかであるとされる大寒の期間にのみ行われ、決められた量の水と決められた量の薬草を使い、決められた日数で作られてきた。

単なる薬づくりというよりも、伝統的な宗教行事として伝わってきたということが理解できるのではないだろうか。

ダラニスケのダラニとは

陀羅尼助《だらにすけ》づくりが宗教行事であるという一番の特徴は、釜の前に密壇《みつだん》という真言密《しんごんみっ》教《きょう》の祭壇を設置し、そこで住職が法要をするということである。

陀羅尼《だらに》とは梵語《ぼんご》のダーラニーの音写で、真言僧が呪文のようにお唱えするご真言のことであり、中でも比較的長いものをダラニと呼んでいる。

陀羅尼助は有名な薬なので辞書にも載っていたりするが、その名の由来としてたいていは「僧侶が陀羅尼を唱える修行の際に睡魔を防ぐために口に含んだ」と書かれている。確かに同じご真言を何百・何千とお唱えする修行はどうしても眠くなるもので、そんな時に陀羅尼助は苦い薬だからそれを口に含めば目が冴えるというのはある話である。実は私も高野山での修行中に試してみたのだが、私は陀羅尼助に慣れ過ぎていて全く効かなかった。とはいえ同僚などは「目が覚めた」と言っていたので、実際に効果はあるようだし、おそらく昔からそうして用いられてきたのは確かなのだろう。

ところが、當麻寺中之坊《たいまでらなかのぼう》における陀羅尼助の名の由来は全く違う。この大寒《だいかん》の陀羅尼助の製薬の際に、大釜の前で住職が法儀《ほうぎ》を勤める。つまり、かまどで薬草のエキスを煮出している間、ダラニをお唱えしてご祈祷《きとう》しているのだ。

〝陀羅尼〟を唱えて祈り、薬草の薬効だけでなく仏さまの力をお借りして病気平癒を〝助〟ける。だから陀羅尼助という、というのが当山の伝承である。

薬効と信仰による治癒、つまりこれは「心身両面への施薬《せやく》」である。これこそが寺で薬が伝えられてきた意義といえるのではないだろうか。確かな薬効に加え、「治そう」「治ろう」「治るはず」という気持ちが、体に働きかけ、よい方向に作用するように思う。

残念ながら、寺での薬づくりは、現代の国の厳しい製薬基準には適合しなくなり、一九八二（昭和五十七）年を最後に終了せざるを得なくなった。しかし、お寺で祈祷された陀羅尼助を望む声に応えるため、旧當麻町《たいまちょう》の役所の方《かた》が各所の陀羅尼助を調べ、當麻の陀羅尼助に最も製法・成分が近い陀羅尼助をみつけ、それを仕入れる手はずを整えてくださった。それが大峯山《おおみねさん》の麓・天川村洞川《てんかわむらどろがわ》の陀羅尼助であり、現在はそれを仕入れ、お護摩を焚き陀羅尼を唱えてご祈祷をしてから皆さまにお分けしている。

ドラッグストアでも同じような薬が売っているのに、ご祈祷されているからとわざわざお寺に買いに来てくださる方《かた》が今もたくさんおられる。少しかたちは変わったが「心身への施薬」という伝統を引き継いだ當麻寺中之坊の薬が今も多くの皆さまにご愛用いただいているのを見ると、お寺での施薬を続けてきた意義があると喜ばしく思うのである。

ダラニスケかダラスケか

陀羅尼助《だらにすけ》に親しんでおられる方《かた》はこの薬を何と呼んでおられるだろうか？文字通りそのまま「だらにすけ」と呼んでいる方《かた》も少なくはないと思うが、たいていの方《かた》は「だらすけ」と呼んでおられるのではないだろうか？

「ダラスケは腹よりもまず顔に効き」という川柳《せんりゅう》が江戸時代からあるそうである。陀羅尼助は苦いので、飲んだ瞬間に苦味で表情がゆがむさまを詠んだ句であるが、ここでもダラニスケではなくダラスケと呼ばれている。

日本人はなんでも四文字に省略するのが常なので、おそらくダラスケという省略呼びが定着したのであろう。しかし同時に、ダラスケという呼び名が単に省略語ではないのだという伝承もある。

陀羅尼助は山岳修行者によって広まったので、全国各所に伝わっているが、中でも當麻寺中之坊《たいまでらなかのぼう》と大峯山の麓にある天川村洞川《どろがわ》の陀羅尼助は古くから二大本家とされた。この二大本家が江戸時代に本家争いをしたという逸話が伝わっており、古文書にも記されている。それによると、双方とも長い伝統がありどちらが本家とも決めることができなかったので、名判官《ほうがん》の大岡越前守《おおおかえちぜんのかみ》が次のように裁きをつけたという。

當麻寺中之坊は僧侶がダラニを唱えながら製薬しているが、洞川の陀羅尼助屋さんはダラニを唱えてはいない。また、當麻寺は中将尼《ちゅうじょうに》（中将姫《ちゅうじょうひめ》）で有名な寺であるから「尼」の字は大切であろうが、女人禁制の大峯山寺《おおみねさんじ》には尼《あま》はいない。だから洞川のはダラスケでよいではないか、と。

この時より、洞川が當麻に対して「尼」の字を遠慮してくれるようになったというのである。

どこまで史実かはわからないこのような話がおもしろおかしく伝わっている。

実際に洞川に足を運んだ時などに「ダラスケさん」と親しみをこめて呼ばれているのを聞くと、長く愛されてきた薬なんだなぁと改めて愛らしく思えるのである。

そして當麻寺中之坊では、そんな洞川のダラスケさんを仕入れさせていただき、お堂でご祈祷をすることによってダラニスケになっていただいている。毎年大寒の一月二十日には大釜の前で護摩壇を設《しつら》えてお護摩を焚き、さらに毎月一日には護摩堂でお護摩を焚いて陀羅尼助のご祈祷を行っている。よろしければお参りいただければと思う。ただし、護摩堂でのご祈祷は狭いお堂で炎を上げて拝むので、冬は暖まってよろしいが、夏の暑さ（熱さ）は相当なものなので、覚悟を決めてお参りいただきますように。

陀羅尼助

苦い薬の甘い香り

陀羅尼助《だらにすけ》に親しんでおられる方《かた》はたいへん多いが、近ごろはほとんどの方《かた》が「陀羅尼助って黒くて丸いツブツブの薬ですよね」とおっしゃる。

それは「陀羅尼助丸《がん》」である。ちゃんとパッケージに「丸」と書いてある。

「丸」と書いていない「陀羅尼助」は板状の薬だ。板チョコのようなものを想像いただければよい。

現在は當麻寺《たいまでら》中之坊《なかのぼう》でも「陀羅尼助」「陀羅尼助丸」の両方をお分けしているが、中之坊で一九八二（昭和五十七）年まで作っていたのは板状のものだけである。

中之坊の土間の大釜を見ていただければ左右ふたつの大釜がある。薬草を入れるのは右の大釜である。中之坊では黄檗《オウバク》と青木《アオキ》を用いていた。薬効があるのは黄檗のほうだが青木を入れることによってでき上がった陀羅尼助がツヤツヤに黒光りするのである。

右の釜でエキスを煮出し、その煮汁を左に移してトロトロと煮詰めていく。そして最後は手桶サイズの釜に移してドロドロになるまでに煮詰めていく。

こうしてネットリとなった真っ黒なエキスを竹の皮に板状に伸ばし、乾燥させたら陀羅尼助の完成である。

私は一九七二(昭和四十七)年生まれだから最後の陀羅尼助づくりが行われた一九八二(昭和五十七)年の大寒《だいかん》の頃は九歳だった。この手桶サイズの釜でドロドロに煮詰める工程だけは何度か手伝った記憶がある。「焦げないようにずっと杓《しゃく》を動かしておけよ」と言われ、よくわからずにかき混ぜ続けていた。最後には手杓にまとわりついたエキスは宙に浮かしてももう下には落ちないほどになる。

四十年以上たった今も、あのトロトロの液体の感触、そしてどんどんドロドロからネットリとなっていく感触というのは、わりとはっきりと覚えているものだなぁとこの文章を書きながら感慨にふけっている。

苦い薬なのに匂いはわりと甘い香りだったとか、それはそれは煤煙《すすけむり》がひどかったことか、かまどの火で暖をとっていたこと、その火で焼き芋を焼こうとしてうまく焼けなかったことなども。ほかの者が働いている間、父がじっとしながら何やらブツブツつぶやいていたのもぼんやりと覚えているが、あれはダラニを唱えていたんだなぁと今になれば理解できる。

〝黒くて丸いツブツブの薬〟陀羅尼助丸も決して効能が「陀羅尼助」に劣ることはないが、あの強烈な苦みは板状の陀羅尼助でしか味わえないので、ぜひ体験していただきたい。

お寺の神事

一月二月という年のはじめは仏事《ほとけさまごと》だけでなく神事《かみさまごと》も続く。修正会《しゅしょうえ》では、金堂《こんどう》での弥勒悔過《みろくけか》・毘沙門悔過《びしゃもんけか》の結願《けちがん》する一月三日、講堂での最勝会・千手悔過《せんじゅけか》が結願する一月六日、本堂での阿弥陀悔過《あみだけか》が結願する一月七日の三座で、「神名帳《じんみょうちょう》」をお唱えする。當麻寺の鎮守《ちんじゅ》さまである長尾大明神《ながおだいみょうじん》をはじめ、全国各地一〇〇柱以上の神さまのお名前をお読みし、感謝の念を捧げ、加護を祈る。

また、當麻寺本堂の裏には小さな祠があり五社明神《ごしゃみょうじん》が祀られており、一月一日から三日までの三日間は毎朝この社にお参りをする。この五社は長尾神社に祀られる神さまの分祠《ぶんし》である。

長尾神社といえば、その名の由来は大蛇の尾だという。昔、三輪山《みわやま》を七回り半に取り巻く大蛇がいて、その蛇の尾は當麻寺の近く現在の長尾の森にとどいたとか。また、三輪山が蛇の頭、大和高田の竜王宮が腹、長尾神社が尾であるともいう。インドの蛇神ナーガは中国で竜神《りゅうじん》と同一視されたため、わが国でも蛇神信仰は竜神信仰と結びついた。

中之坊の起源である龍王社《りゅうおうしゃ》も、役行者《えんのぎょうじゃ》が呼び寄せた竜神を祀るが、ふだんは「みーさん」と呼称している。巳《み》ぃさん、つまり蛇である。表記は昔から龍王社または竜神社だが、口伝えではみーさんと伝わっているので、もとは蛇神だったのかもしれない。

古図によるとかつては當麻寺本堂裏の五社明神の祠のところや、金堂の前にも一言《ひとこと》主明神《ぬしみょうじん》の鳥居があったようだ。中之坊には今も朱塗りの鳥居が残っていて、そこに稲荷社と龍王社がある。さらに中之坊の庫裏《くり》には神棚もあり、天照大神《あまてらすおおみかみ》と稲荷明神《いなりみょうじん》と大黒天《だいこくてん》をお祀りしている。

今はお寺と神社とが多くは分かれてしまって、そもそも鎮守神をお祀りしていないお寺さんもあるようだ。神仏習合《しんぶつしゅうごう》というと「仏が仮に神の姿となった」という考え方「本地垂迹説《ほんじすいじゃく》」を思い浮かべる方《かた》も多いと思うが、そういうこと以前に、仏さまの教えを受け継ぎ広める道場（寺）を建立するために、その土地の神さまに土地を請《こ》い受《う》けるのであり、神さまから土地を借り受けてお寺を建てて仏事を勤めさせていただいているのだから、まず神さまをお祀りするのを欠かすことはあってはならないと私は教わった。

お寺で僧侶が神さまを拝むということは、本地垂迹というようなことよりも、その土地への感謝と天地自然への畏敬《いけい》だと私は理解している。

真言密教には地鎮法《じちんのほう》というのがあるので、私も時々依頼をいただいて一般家庭の新築の際の地鎮に出向くことがある。まずはその土地の鎮守さまに感謝の念を捧げ、土地を請い受ける。その後密教の作法によってお不動様をはじめとする五大明王を勧請《かんじょう》して土地を鎮《しず》めるのだが、まずもってその土地の鎮守さまに感謝の念を持っていただければありがたいと思う。

さまざまなお供え物

二月は節分《せつぶん》、初午《はつうま》と神事《かみさまごと》がふたつ続く。

いずれも中之坊《なかのぼう》の稲荷社、龍王社、神棚の三カ所でお勤めする。

節分は年の改まる節目であり、初午は稲荷神のご縁日である。節分ももちろん大切であるが、稲荷神は中之坊の鎮守さまなので、初午は節分よりも丁寧に準備し、いろいろものをお供えしてお勤めをする。神事なので、お供え物は仏事のように精進《しょうじん》ものに限らず、鯛やスルメなどもお供えする。ほかに昆布、山芋、大根、人参、米、酒、果物、さらに市販のキャンディなどのお菓子もお供えする。とにかく、海のものと山のものと甘いものをとり揃えてお供えするようにとの伝えである。

また龍王社は蛇神なので、塩とお米のほかに卵もお供えする。卵は蛇の好物だからとか。

各行事のお供え物にはいろいろな謂《いわ》れがあり、のちに詳しく触れるが七月の蓮華会《れんげえ》のお供え膳はたいへん変わっている。しかし、ふだんのお供え物には特に謂れや定めはなく、精進《しょうじん》ものであれば何でもよい。そしてお寺が用意するものもあれば、皆さんからお供えいただくものもある。基本的にはどなたからどんなものをいただいても精進ものである限りはいずれかのお堂にお供えさせていただくのだが、拝観に来られた方《かた》がそうしたものを目にするとよく「これはどういう謂れのものなのか」と気になるらしい。カルピスをお供えしているとよく「あ、やっぱりカルピスはサルピスだからですか?」と納得される。仏教用語のサルピス（牛乳が熟成されて最高の醍醐味に至るひとつ手前の段階）が名前の由来になっているので、お寺のお供えものにふさわしいのでしょうね、というような意味だろうが、いただいたものをお供えしているだけなので特に深い意味はなかったりする。一方、オリーブオイルやスナック菓子などをお供えしていると「あんなもの供えていいんですか?」と言われることもあるが、「〝あんなもの〟とはどんなものだよ」といつも心の中で苦笑いする。

精進ものとはどこまでが精進ものかというのは難しいところがある。お供え物とは話は違うが、中之坊では毎月一日のお護摩を修する日は精進日で、不精進ものは口にしないのだが、海苔なども原材料をよく確かめないといけない。わずかにエビやカツオが使われていたりする。納豆もたれにかつおだしが使われていることもあるので注意が必要だ。夏場などは、果物などもあまりもたないので、お堂でのお供え物にはカップのゼリーが重宝する。しかし「ゼラチンは動物由来じゃないのか？」と指摘したい方《かた》もあるかもしれない。

高野山での修行時代、道場での食事は精進ものばかりで、差し入れなども厳しく材料をチェックされていた。私はこどもの頃から肉類が苦手で、今でも肉食《にくじき》は全くしないので、修行時代の食事は全く苦にならなかったが、同僚たちはやはり動物性のものが恋しかったようである。ただ、時々出てくるカレーやシチューなどは市販のルーが使われており、原材料を細かくチェックするとたいてい微量のビーフエキスやポークエキスなどが使われていた。そこまで細かいことを言い出すと、食べるものがなくなってくるだろう。

なんでもあまり深く考えるときりがないから、今後もゼリーのお供え物は精進ものとして助けていただくことにする。今までゼリーをお供えに届けてくださった方々《かたがた》も、気にせずお届けください。たいへん助かっています。

豊受大神と葛城氏と雄略天皇

話はそれたが、神事の話に戻る。中之坊《なかのぼう》の鎮守さまは稲荷神であると述べたが具体的には豊受大神《とようけおおみかみ》である。

伊勢神宮において、天照大神《あまてらすおおみかみ》の祀《まつ》られる内宮《ないくう》に対して、外宮《げくう》に祀られる神さまである。

豊受大神はもともと丹波地方にお祀りされていたが、雄略《ゆうりゃく》天皇が伊勢に遷した。ある時、天照大神が雄略天皇の夢枕にあらわれ、自分一人では食事が安らかでないので、丹波国《たんばのくに》のトユケ（トヨウケ）大神を呼び寄せるようにと神託されたという。

この逸話からわかるように、豊受大神は食の神であり、豊穣の神である稲荷神として信仰されてきた。

中之坊鎮守社での勤行《ごんぎょう》でも平生《へいぜい》は豊受大神の御名《みな》は呼ばずに「南無稲荷大明神《なむいなりだいみょうじん》」と

お唱えして勤行する。朱塗りの鳥居の奥に社《やしろ》があり、お使いの狐の像が二体お祀りされている。

この社であるが、総高三・三メートルの小さな社殿ながら、檜皮葺《ひわだぶき》で入母屋《いりもや》造りに正面千鳥破風《はふ》と軒先唐破風《からはふ》の向拝をつけ、国の登録有形文化財にも指定されている。ところどころに彩色の残る組物も複雑で、羽目板の内側には極彩色の絵が隠されている。當麻寺には国宝重文の伽藍《がらん》諸堂をはじめ、数多くの文化財・見どころがあるため、この小さな社までは目がいかないかもしれないが、屋外の建物とは思えないような、つまり、屋内に安置する宮殿《くうでん》に近い、建造物というより工芸品というべきよくできた造り物なので、ぜひ見ていただきたい。

それと鎮守社をお参りする際、またその右奥の龍王社をお参りする際は、いずれも社だけでなく、となりの大木にも目を向けていただきたい。それぞれ社に向かって左に大きなナギの木がそれぞれの社殿に寄り添うように立っている。それぞれ稲荷社と龍王社に対するご神木といってもよいであろう大切な木である。

ところで、豊受大神はもと丹波国に鎮座されていたのであるが、かつては葛城《かつらぎ》氏が祭祀していたという。中之坊の鎮守神が豊受大神であるのはその由縁であると聞いている。

葛城氏は、當麻を含む葛城地域、現在の葛城市と御所《ごせ》市あたりを本拠とし、五世紀ごろ大和政権と姻戚関係にもあって栄えた豪族である。

そしてその葛城氏を滅ぼしたのが、雄略天皇。

葛城氏を滅ぼした雄略天皇が、葛城氏が信奉していた豊受大神を伊勢神宮に遷したのはたまたまなのか。伝承通りに天照大神が夢枕にたったご神託がほんとうの理由なのか。

どうしても別の理由を想像してしまうが、古代のことや神さん事には深入りするときりがないのでほどほどにしておく。

こうした古い場所にはロマンがあるので皆さんはいろいろ想像を膨らませて楽しんでいただきたいと思う。

二上山とお彼岸

當麻寺は二上山の山麓に位置する。

今はもっぱら「にじょうざん」と呼ばれているが、もともとは「ふたかみやま」と呼ばれてきた、フタコブラクダの背のような双峰の山で、葛城山系の中でもひときわ異彩を放つ山である。なにしろ立ち姿が美しくどの季節も絵になるが、特に晩秋には冬枯れの寒々しい山々の隣にあって、一人（二人？）だけ色とりどりの毛糸で編んだもこもこのセーターを着ているような姿で、ぬくぬくと佇んでいる。

ふもとの當麻や香芝《かしば》の人たちからは地域のシンボルとして親しまれていて、私の通った當麻小学校の校歌も「ふたかみやまを背においてー」とはじまるし、私もこの山に何度登ったか数知れない。地元の者は毎日この山を目にしながら生活しているのだが、たぶん我々はそれだけで幸せなことなのだろうと思う。

大和《やまと》においてこの二上山と対になるのが、桜井市にある三輪山《みわやま》である。

なだらかな円錐形《えんすいけい》の三輪山と、ふたつの頂《いただき》を持つ二上山。この特徴的なふたつの山がほぼ東西一直線に並んでいるのはまさに奇跡だ。

日の昇る三輪山に対して、日の沈む山が二上山である。三輪山のてっぺんの向こう側から昇ってきた太陽が、二上山のふたつの峰のあいだに沈んでいくのである。なんと神々しい光景であろうか。

二上山の西側（大阪府太子町）には、聖徳太子御廟や用明天皇御陵、あるいは敏《び》達《だつ》・推古・孝徳天皇といった歴代天皇が祀られ「王陵の谷」などと呼ばれているそうだ。古来、大和の人々は太陽の沈みゆく二上山の向こうに清らかな世界があると夢想したはずだ。こうした人々の想いが、奈良時代になり、當麻曼荼羅へとつながっていくのであろう。

二上山の峰の間にちょうど夕陽が沈んでゆくのがお彼岸である。お彼岸というのは仏教行事であるが、インド・中国から伝わったものではなく、日本の伝統であるらしい。昼と夜の時間がちょうど半々になる時期、夕日が真西に沈んでいく光景を眺めながら、こちら岸（此岸《しがん》）とあちら岸（彼岸）との距離が最も近くなると思えたのではないか。

當麻寺の古くからの年中行事では、お彼岸は春も秋も一週間、講堂にて法華経《ほけきょう》を奉読する。全部で二十八品《ほん》（二十八の章）ある法華経のうち、真言宗では第二十五品の観音経《かんのんきょう》くらいしか読む機会がないのが普通であるが、當麻寺の真言僧は二十八全品を奉読する。どういうわけでお彼岸に法華経なのかはよくわからないままだが、修正《しゅしょう》会《え》では弥勒悔過《みろくけか》と毘沙門悔過《びしゃもんけか》の間に仁王経陀羅尼《にんのうきょうだらに》を唱え、修二会《しゅにえ》では最勝王《さいしょうおう》経を唱えるので、三月の法華経とで護国三部経《ごこくさんぶきょう》（仁王経《にんのうきょう》・最勝王経・法華経）が完成と勝手に納得し、秋のお彼岸も含めた年に二回のこの時期はふだん読まない法華経を一所懸命に読んでいる。

講堂内陣の板間にあがって仏さまを見上げて読む。とても距離が近い。単純に仏像との物理的な距離が近いからに過ぎないのだろうが、お彼岸だから仏さまと距離が近く感じるのだと思うようにして喜びを感じている。

當麻寺といえば中将姫、中将姫といえば當麻寺

お彼岸を過ぎ、四月に入ると、いよいよ中将姫《ちゅうじょうひめ》さまの行事が続いていく。四月十四日の練供養会式《ねりくようえしき》、六月十六日の髪供養会《かみくようえ》、七月二十三日の蓮華会式《れんげえしき》などである。これら多くの行事が中将姫さまゆかりの行事であるし、現在の當麻寺ご本尊「當麻曼荼羅《たいままんだら》」を織り成したのが中将姫さまであるから、まさに、當麻寺といえば中将姫さま、中将姫さまといえば當麻寺、といっていい存在である。なので、その中将姫さまの生涯についてここで簡単に記しておきたいと思う。

中将姫さまは、七四七（天平《てんぴょう》十九）年に藤原豊成《ふじわらのとよなり》の娘としてご誕生。長谷観音《はせかんのん》の申し子として生まれながらに三位中将《さんみちゅうじょう》の位を授かったとも、十三歳の時に琴の演奏が褒められて三位中将を賜ったともいわれる。四才の時に『称讃浄土佛摂受経《しょうさんじょうどぶつしょうじゅきょう》（以下、称讃浄土経《しょうさんじょうどきょう》）』と出会い、幼少の頃からこの経典を諳《そら》んじていたといわれる。

しかし、五才の時に母を亡くし、豊成が後妻を迎えるようになると、その継母に妬まれるようになり、次第に命さえ狙われるまでに。周囲の助けで命を長らえながら、十四才の時、雲雀山《ひばりやま》へ逃れ、読経三昧《どきょうざんまい》の隠棲生活を送ったとされる。紆余曲折ののち晴れて都に戻った姫は、『称讃浄土経』の写経を発願《はつがん》。毎日欠くことなく筆を執って経典を書き写し続け、一千巻の写経を成し遂げた。

写経満行《まんぎょう》の日の夕方、西の空に沈みゆく夕陽の中に阿弥陀佛の姿が浮かび上がり、夕空一面に極楽浄土の光景が広がったのを姫は目の当たりにする。その光景に心を奪われた姫は、都を出て夕陽を目指して歩き、観音菩薩さまに手を引かれるようにたどり着いたのが夕陽を象徴する山・二上山《ふたかみやま》の麓、當麻寺だった。

当時の當麻寺は女人禁制《にょにんきんせい》であったため姫は入山が許されなかった。そこで姫さまは門前にある石の上で一心に読経を続けたところ、数日後、不思議にも足元の石に姫の足跡が刻まれた。その奇跡に心を打たれた当時の當麻寺住職實雅和尚《じつがおしょう》は、女人禁制を解いて姫を迎え入れる。翌年、中之坊《なかのぼう》で剃髪《ていはつ》の儀《ぎ》が執り行われ、姫は法如《ほうにょ》という名を授かり尼僧《にそう》となった。七六三（天平宝字七《てんぴょうほうじ》）年六月十五日のことであった。

翌十六日、法如は前日に剃り落とした髪を糸にして、阿弥陀如来《あみだにょらい》、観音菩薩《かんのんぼさつ》、勢至《せいし》菩薩《ぼさつ》の梵字《ぼんじ》を刺繍し、あの日夕陽の中に見た阿弥陀佛の姿、夕空に広がった浄土の姿を今一度拝ませて欲しいと一心に願った。すると翌十七日、一人の老尼《ろうに》があらわれ「蓮の茎を集めよ」と告げるので、法如はその言葉にしたがい、父・豊成公の協力を得て大和のほか河内や近江からも蓮の茎を取り寄せたところ、数日で※百駄ほどの蓮茎が集まった。再びあらわれた老尼とともに、蓮茎より糸を取り出し、それを井戸で清めると、不思議にも糸は五色《ごしき》に染め上がった。

二十二日の黄昏時、一人の若い女性があらわれ、五色に染まった糸を確認すると、法如を連れて千手堂《せんじゅどう》の中へ入る。

三時《みとき》の時間が過ぎた翌二十三日の朝。

法如の目の前には五色の巨大な織物ができあがっていた。そこには、法如があの日の夕空に見た輝かしい浄土があらわされていた。

これが今も現存する国宝・綴織當麻曼荼羅《つづれおりたいままんだら》である。

曼荼羅の輝きに心を救われた中将法如《ちゅうじょうほうにょ》は、人々にみほとけの教えを説き続け、十二年後、二十九才の春三月十四日、不思議にもその身のまま極楽浄土へ旅立ったという。

※百駄……馬一頭に負わせる荷物の量を「一駄（約百三十五キロ）」と数え、馬百頭分で運ぶ量のこと。

練供養会式より當麻れんぞ

練供養会式《ねりくようえしき》はこの中将姫《ちゅうじょうひめ》さまの極楽往生を再現した行事である。

當麻寺本堂から娑婆堂《しゃばどう》の手前までまっすぐ百十メートルほどの橋をかけ、そこを観《かん》音菩薩《のんぼさつ》や勢至菩薩《せいしぼさつ》など二十五菩薩《にじゅうごぼさつ》の衣装を着た菩薩衆《ぼさつしゅう》が往復し、中将姫さまの極楽往生を目に見える形で再現するという行事。平安時代から続くこの行事は地域の名物で、昔は練供養会式の前後三日間、周辺地域は仕事も学校も休みになったらしい。

このごろは「聖衆来迎練供養会式《しょうじゅらいごうねりくようえしき》」という正しい呼称が広まって、たいていは「練《ねり》供養《くよう》」、くだけてもせいぜい「當麻の〝お練《ね》り〟」という呼び方くらいしか耳にしなくなったが、私がこどもの頃は「たいまれんぞ（れんど）」という言い方がもっぱらだった。「れんぞ」とは農作業を一休みする奈良盆地のならわしで農家の方々《かたがた》の楽しみであったらしい。他の地域の〝春ごと〟というものに類似しているようだが、大和地方ではほかに、「多れんぞ」「釜の口れんぞ」「矢田れんぞ」「久米れんぞ」などがあり、かつては法隆寺会式を「法隆寺れんぞ」、薬師寺花会式を「薬師さんれんぞ」などと呼称していたようで、社寺の祭礼と農耕の休みとが重なり合った憩いのひと時だったようである。

中でも當麻れんぞは有名で、練供養の祭礼が行われる前後三日間が休みとなる風習は昭和の中ごろまで残っていたらしい。私も含めわれわれより上の世代の方《かた》に話を聞くとたいてい「當麻れんぞといえばカニやった」と口をそろえる。れんぞの三日間は露天商が境内や参道に店を出すのだが、その時に決まって売りに来るモクズガニが有名で〝當麻がに〟という呼び名があったほど名物であったのだ。

大人でも出店《でみせ》が楽しみだったのだからこどもならばなおさらである。さすがに現在は周辺地域が三日間も休みとなるなんてことはなくなったが、今でも練供養会式の当日は、當麻地区の小学校は半日授業となり、こどもたちが午後から當麻寺に駆けつけてくる。私もこどもの頃はそうであったように、こどもたちの目当ては出店であり、あてもの、かき氷、たこ焼きなどの屋台がならんで賑々《にぎにぎ》しい。

各所で行われる秋祭りの神輿《みこし》や地車《だんじり》なども本来は神事であるのにそれが忘れられているような本末転倒感はあるが、そんなふうに宗教行事そっちのけで憩い楽しむのも

〝れんぞ〟としては正解なのかもしれない。

練供養会式の花筵場（中央が筆者）

現身往生を再現する練供養会式

當麻れんぞ「練供養会式《ねりくようえしき》」は、中将姫《ちゅうじょうひめ》さまの往生日が旧暦三月十四日であることから四月十四日に行われている。かつては長らく五月十四日に行われてきたが、いずれにせよ開始は夕方の十六時である。

当日は曼荼羅堂《まんだらどう》から娑婆堂《しゃばどう》まで「来迎橋《らいごうばし》」と呼ばれる橋がかけられ、十六時前に一番太鼓が鳴ると、まず曼荼羅堂から中将姫さまの乗る輿《こし》が娑婆堂へ向かう。つまり極楽世界におられる中将姫さまが一旦この娑婆世界に里帰りされるのである。次に中之《なかの》坊《ぼう》から私を含む真言僧が散華《さんげ》で道中を清めながら曼荼羅堂へ向かう。向かう先はこの日に限り曼荼羅堂に設置される「花筵場《かえんば》」と呼ばれる舞台である。ここで真言僧が極楽世界の聖衆《しょうじゅ》に準《なぞら》えて法儀《ほうぎ》を営む。

浄土宗の僧侶方《そうりょがた》は娑婆堂にて娑婆世界の法儀を営む。室町時代に描かれた「當麻寺《たいまでら》縁起絵巻《えんぎえまき》」にも極楽側と娑婆側にそれぞれの宗派の僧侶が分かれて別の役割で法儀が勤められる様子が描かれているが、まさに當麻寺ならではの風景といえるだろう。
浄土宗の僧侶方《そうりょがた》と稚児《ちご》の行列が娑婆堂に下った後、いよいよ二十五菩薩《にじゅうごぼさつ》が極楽からこの世に下りてこられる。きらびやかな面と衣装を着けて菩薩さまたちが登場すると、雲の上から仏さまがお迎えに来られる様はさもありなんと感じられるだろう。最後尾に、蓮台を持った観音菩薩《かんのんぼさつ》、合掌する勢至菩薩《せいしぼさつ》、天蓋を持った普賢菩薩《ふげんぼさつ》が登場する。このうち観音菩薩と勢至菩薩には當麻寺独特の所作があって、當麻のお練りで最も人目をひくところである。

菩薩衆が娑婆世界に到達すると、中将姫さまは観音さまの持つ蓮台に乗せられて、ふたたび極楽世界に帰って行かれる。この帰りの二十五菩薩の行列が練供養のクライマックスで、観音菩薩を先頭に菩薩さまが荘厳な列をなして西方《さいほう》に帰って行かれる後姿はまことに神々しい。十六時という遅い時間にスタートするのは、この帰る時間がまさに夕日の沈む夕刻になるからである。

中将姫さまが二十九歳の時に「その身のまま極楽浄土へ旅立った」というのは、亡くなったのではなく生きたまま極楽へお迎えされたという言い伝えで、私たちはその伝えを「現身往生《げんしんおうじょう》」と呼んで大切にしているが、練供養の最後に中将姫さまが二十五菩薩に連れられて西方の極楽浄土へ昇っていくさまは、まことに荘厳で尊く、そしてたいへん美しい。それは夭折《ようせつ》の悲しさを感じさせることはなく、まさに現身往生の喜びを表現したものである。

練供養会式を拝んでいただくと、仏さまにお救いいただいている喜びやありがたさというものを実際に肌で感じていただけるのではないかと思う。

立てば芍薬　座れば牡丹

當麻寺は「ぼたんの寺」としても有名で、四月下旬から五月はじめごろに見ごろとなる。

かつては練供養会式《ねりくようえしき》の五月十四日にも遅咲きの黄色い牡丹《ぼたん》が楽しめたものだったが、年々の温暖化によって開花が早まり、もう五月十日までには完全に花がおわるようになってしまった。しかし令和より練供養会式が中将姫《ちゅうじょうひめ》さまの往生日に近い四月十四日になったので、今までとは逆に練供養の日には早咲きの牡丹を楽しめるようになった。

牡丹は百花の王と賞されて、唐の都では真言密教《しんごんみっきょう》の根本仏である大日如来《だいにちにょらい》さまへのお供えとして尊ばれ、その習わしがわが国にも伝わった。

當麻寺では大正の頃に奥院が栽培をはじめてから各院が牡丹を積極的に植えるよう

になり、中之坊《なかのぼう》では一九二九（昭和四）年の松室院改築の際にぼたん園が整備され、近隣の石光寺もそれに倣い、現在の「當麻の里ぼたん祭り」につながっている。

牡丹の見ごろがおわると芍薬《しゃくやく》が開花する。牡丹と芍薬は親戚のようなもので見分けがつかない方《かた》も多いが、牡丹は「木」、芍薬は「草」なので、茎を見て判断してもらいたい。昔は花でも葉っぱでも区別できたものだが、近年は牡丹と見紛《みまが》うような新種の芍薬も増えてきたので、茎以外ではなかなか見分けがつきにくい。

女性の美しさを唄った都都逸《どどいつ》に「立てば芍薬　座れば牡丹　歩く姿は百合の花」というのがあるが、実際には芍薬よりも牡丹のほうが背が高いので「立てば牡丹、座れば芍薬」が正しいと思うのだが、語呂が悪い。気が立ってイライラする時には芍薬が効き、座ってばかりで血流が滞る症状には牡丹が効く、というように生薬《しょうやく》の効能を説いた唄だという解釈もあるらしい。

実際に芍薬や牡丹の根には薬効があり、中将姫さまが残したという薬の主成分もシャクヤクである。陀羅尼助《だらにすけ》を起源として薬学が盛んであった中之坊で修行した中将姫さまは、當麻寺入門以前にお世話になった雲雀山をふたたび訪ねたおりに体調不良に苦しむ女性があったので、中之坊で学んだ薬学の知識をもとに芍薬と当帰《トウキ》を煎じて与えたという。その薬の製法が千年以上地元の宇陀《うだ》で大切に伝えられ、それをもとに一八九三（明治二十六）年に製品化され発売されたのが津村順天堂（現 株式会社ツムラ）の「中将湯《ちゅうじょうとう》」である。

一八九七（明治三十）年にはその「中将湯」の薬屑《くすりくず》から入浴剤が誕生。「浴剤中将湯《よくざいちゅうじょうとう》」は家庭用入浴剤の元祖となり、のちに「バスクリン」や「くすり湯バスハーブ」を生み出した。

當麻寺中之坊では陀羅尼助以来の「心身への施薬《せやく》」の伝統を守り、「中将湯」と「くすり湯バスハーブ」もご祈祷して中将姫さまゆかりの薬としてお分けしている。

温かいくすり湯で心身の疲れを癒し、中将姫さまの恩恵を思い出していただきたい。

中将姫のイメージ像

練供養《ねりくよう》の儀式はもとは「迎講《むかえこう》」と呼ばれており、平安時代、天台宗の僧である恵心《えしん》僧都《そうず》こと源信《げんしん》によってはじめられた。

その恵心僧都により広められたとされる構図の仏画に「山越阿弥陀図《やまごしあみだず》」と呼ばれるものがある。

山の向こうに阿弥陀さまがあらわれる絵で、有名なものは京都の禅林寺や金戒光《こんかいこう》明寺《みょうじ》にあり、そのほかさまざまな時代にさまざまな場所で描かれて伝わっている。

山の向こうに阿弥陀さまがあらわれる絵、つまりそれはまさに中将姫《ちゅうじょうひめ》さまが目《ま》の当《あ》たりにしたという二上山の峰の間に沈みゆく夕日の中の阿弥陀佛である。恵心僧都は當麻郷の生まれというから中将姫さまと同じように二上山に沈む夕日に阿弥陀佛を感じ取ったのかもしれない。

もちろん當麻寺にも「山越阿弥陀図」は伝わり、中之坊《なかのぼう》には室町時代の「山越阿弥陀図」が遺されている。ふたつの峰の向こう側から阿弥陀さまが姿を現していて、二上山を眺めながら育った私にとっては格別の一幅《いっぷく》である。

この「山越阿弥陀図」から着想を得たとされる文学作品に釈迢空《しゃくちょうくう》こと折口信夫《おりくちしのぶ》の小説『死者の書』がある。

奈良時代、『称讃浄土経』一千巻を写経し、二上山の峰の間に仏を観《かん》じ、當麻寺で蓮糸の曼荼羅を織る、という中将姫伝説をベースにして、非業の死を遂げた大津皇子の浮かばれぬ魂との交錯を描いた物語である。たいへん美しく幻想的に描かれるその作品に多くの人が惹かれ、今も根強くファンの多い作品である。

もとは昭和十年代の作品であるが、平成の半ばには川本喜八郎によって美しい人形アニメーションとして映像化され、その幻想的で美しい物語がより身近に感じやすくなっている。

その影響かどうかわからないが、中将姫さまに対する世間のイメージも徐々に変容してきたように感じる。

かつては中将姫さまといえば「悲劇のヒロイン」という見方をされた。江戸時代に雪責め折檻の芝居が創作されて流行し、絵本なども艱難辛苦《かんなんしんく》の物語として描かれてきたからである。

しかし、中将姫さまはご自身の信念で當麻寺に入門された方《かた》であるし、遺された直筆のお写経を拝見すると、秀麗かつ力強い文字で書かれ、気品とともに確固たる意志をも感じることができる。ちかごろは「悲劇のヒロイン」ではなく、強い意志と信念をもち、才能豊かに美しく清らかに生きられた女性として愛されているように思う。中将姫さまが前向きに生きる方々《かたがた》の理想像として慕われるようになってきたのはたいへん嬉しいことに思う。

折口信夫の『死者の書』

釈迢空《しゃくちょうくう》こと折口信夫《おりくちしのぶ》先生は幼少の頃から當麻寺に何度も足を運び、周辺を散策していたらしい。そもそものきっかけは、當麻寺門前町のとあるお宅に信夫少年のお姉さんの親友がいたことで、お姉さんが病気になった時に中之坊《なかのぼう》で療養滞在していこともあり、よりご縁が深まったようである。

そして一九〇五（明治三十八）年ごろ、旧制中学で数科目を落第してしまった信夫少年は、卒業に向けて勉学に励むために中之坊を訪ね、ここで居候を決めこんだそうである。のちに国文学者、民俗学者、国学者、古代史学者、国語学者、歌人、詩人と、さまざまな分野で第一人者として活躍された文系では神さまのような折口先生だが、理系の分野は苦手だったようで、幾何、三角、物理と落とされたようである。のちにこの時のことを回想して「私も昔は落第したんだから若いうちの回り道は何でもないよ」と弟子に話されたと聞いた。

練供養　過ぎてしずまる寺の庭　はたとせまへを　かくしつつゐし
昭和五年五月十六日　折口信夫

はたとせまへ、つまり、一九三〇（昭和五）年のおよそ二十年前といえば信夫少年が居候として中之坊に滞在したり、最もよく當麻寺に足を運んでいた時期である。そして五月十六日というのは当時は練供養が五月十四日であったからその二日後であり、當麻れんぞの三日間が終わって翌日である。前日までにぎわっていたであろう當麻寺がうってかわってしずまりかえっている様子に、二十年前《はたとせまえ》の思い出を重ね合わせて詠《うた》った歌であろう。

中之坊ぼたん園にはこの歌碑が建てられており、歌碑建立の際には折口先生本人もたいへん喜んでおられたそうである。

折口信夫先生の代表作である小説『死者の書』は、こうした當麻寺との縁から生まれたものである。当時の住職である松村實照《じっしょう》は、折口先生から『死者の書』の構想を聞かされた際には可能な限りの資料を提供されたようである。『死者の書』は一九四三年（昭和十八）に出版され、その初版本が次の詩とともに實照住職に届けられた。

ひさかたの天二上《あめふたかみ》　ふたかみの陽面《かげとも》に　おいおおり
　繁《し》み咲く馬酔木《あしび》のにほえる子を
あはれ　そのにほえるおとめ　藤原のよこはきおとめ
　　　　　　　　　　　　　　　　釈迢空

この小説は難解で当時は誰にも理解されず、折口先生は不本意であったようだが、時を経るごとに評価はあがり、現代では近代文学の最も高い位置に燦然《さんぜん》と輝いている。難解な作品ではあるが、未読の方《かた》にはぜひ挑んでいただきたい。

松村實照

折口信夫少年が中之坊《なかのぼう》によく通っていた頃の住職は第五十三世の松村實勝《じっしょう》師であり、のちに折口信夫博士が『死者の書』を書き上げ中之坊と交流を続ける頃の住職は第五十五世の松村實照《じっしょう》師である。その二人の間に第五十四世の津田實英《じつえい》師があり、五十七世の私は實昭である。お気づきのとおりみな「實」の字がついているが、その起源は中将姫さまの師となった實雅《じつが》師であり、この方《かた》は當麻寺第十一世で三論《さんろん》学の高僧であったという。中之坊五十七代の歴代住職のうち四十七人の名前が判っているが、そのうち三十三人が「實」の字を用いている。實雅師の實の字を継承させていただいているのは何ともありがたいことである。ただ、このように本で文字で書くとまだわかるのだが、口頭でジッショウという場合には、實勝なのか實照なのか實昭なのかわかりづらく、講話でお話をさせていただく場合にはたいへん苦労している。

折口信夫博士とたいへん深い親交を重ねた第五十五世實照師は、大和高田《やまとたかだ》市の出身で、小学二年の時に中之坊《なかのぼう》に入門したそうである。当初より、次の住職を継ぐために寺に入れられたたいへん厳しい教育を受けたようだ。のちに「そらぁワシかて、(ほかの同級生たちが)はだしで川に入り、魚を採ったり、トンボを追ったり、草むらで瓜を食べてるのを見て、何度自分も同じことをしてみたいと思ったことか」と少年期を回想して實照師は洩らしたそうである。

実は、この寺で生まれて世襲《せしゅう》で住職を継いだのは、當麻寺初代から数えて五十七代の歴史の中で私がはじめてらしい。私の父である五十六世松村實秀《じっしゅう》は大阪堺《さかい》の生まれで、小学四年生の時にこの寺に入門している。

實照《じっしょう》も實秀《じっしゅう》もいずれもたいへんに厳しい少年期を過ごしており、たいした苦労もせずにぬくぬくとこの寺を継いでいるのは私ぐらいのものである。

實照師は日本画家の先生方《がた》とも交流が深く、一九二九(昭和四)年より行った客殿「松室院《まつむろいん》」解体修理の際には、前田青邨《せいそん》画伯をはじめとする錚々《そうそう》たる画家たちが天井絵を寄進した。現在、皆さまが写経・写仏《しゃぶつ》をされる際に見上げることのできる絵天井がそれである。この時に建て直された建築は優れた近代和風建築として、現在、登録有形文化財に指定されている。

つづいて一九三三（昭和八）年には金堂《こんどう》の解体修理、昭和十年には講堂の解体修理を次々と行い伽藍《がらん》整備に奔走された。一九四五（昭和二十）年、アメリカ軍による空襲が頻繁に行われるようになったおり、「もし當麻寺に爆弾が落とされるようになったら、導き観音さまは井戸にしずめて守り、自分は金堂の弥勒《みろく》さんと心中する」と言っていたようで、特に金堂のご本尊のことは心の拠りどころとしていたようである。

五十五世實照

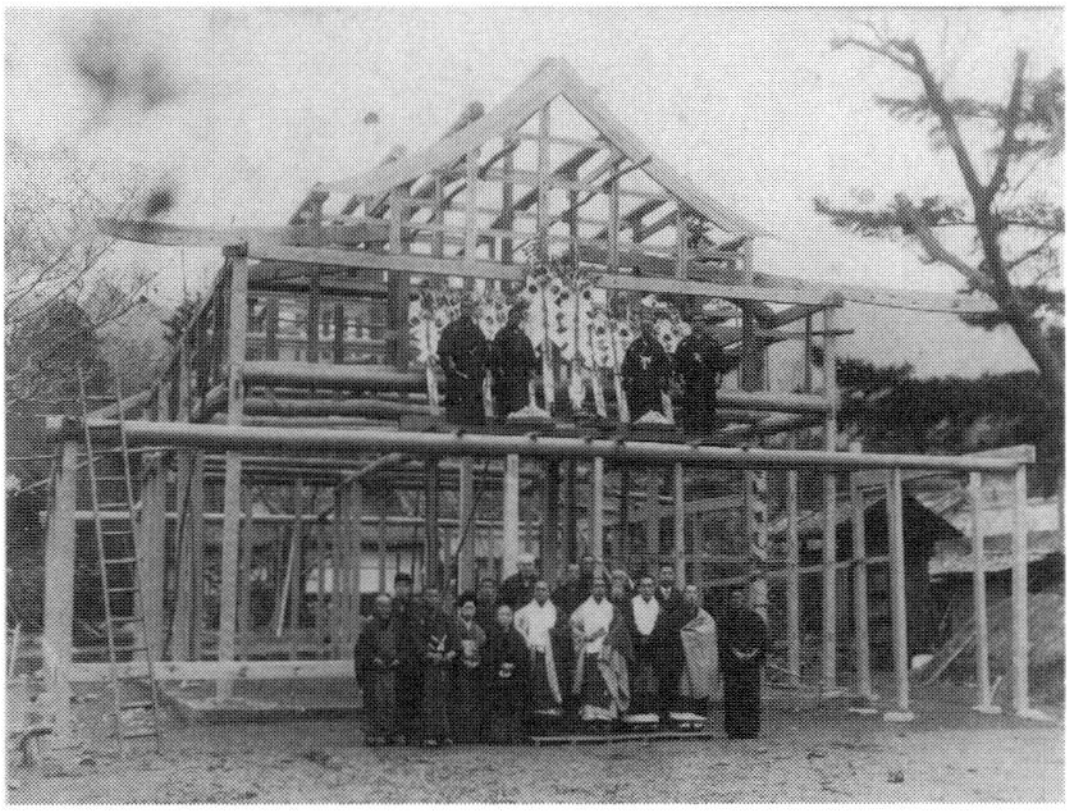
一九三〇（昭和五）年、松室院棟上げ前列中央が五十五世實照

曼荼羅堂解体修理で増えた謎

松村實照《じっしょう》師が一九六〇（昭和三十五）年に成し遂げた曼荼羅堂《まんだらどう》の解体修理は大きな成果をもたらした。曼荼羅堂は當麻曼荼羅《たいままんだら》をお祀りし、當麻寺の本堂として仰がれる中心堂宇であるのに、屋根瓦はずれて雨漏りし、欄干《らんかん》は今にも倒れそうであったという。

修理によって貴重な文化財を後世に伝えることができた、というのはもちろんだが、修理工事に伴う調査で多くの発見があり、関係者を驚かせたのだった。

當麻曼荼羅を収めている入れ物「厨子《ずし》」は、当時鎌倉時代のものと思われていたが、なんと奈良時代おわりごろに遡《さかのぼ》るものと判明し、中将姫《ちゅうじょうひめ》さまが曼荼羅を織りあげてそう遅くない時期に造られたものであることがわかった。また曼荼羅堂の真下は古墳であることもこの時にわかった。當麻寺には東西ふたつの古代の塔が並び建っているが、伽藍の中心である金堂より高台に塔が立つのは不自然で、平地ではなく高低差の激しいこの入り組んだ土地にどうして無理をして堂塔を建てたのか、という當麻寺の謎を解くヒントが見つかった感がある。今後、何かの機会にこの古墳の被葬者がわかるなどすれば、堂塔を建てにくいこの場所にわざわざ寺を建てた理由がわかるのかもしれない。

そして屋根裏から大量の板光背《いたこうはい》が発見された。これは謎多き當麻寺にあってもかなり大きい謎で、発見当初からさまざまな推測がなされた。鎌倉時代初期から平安時代初期にまで遡る大量の光背と複数の台座が見つかったことで、この時代の當麻寺に仏像製作の工房があったのだろうという推論がまずなされたが、ではご本尊はどこに消えたのだろうかという疑問が残った。そこで、台座に本体の足を差し込む臍《ほぞ》が存在しないことから、仏像ではなく、儀式に使われたのではないかという推測も生まれた。

大和地方の春ごと「れんぞ」の語源は當麻寺にあると考えられているが、折口信夫博士は「練供養」から派生した「練道《れんどう》」が「れんど」の語源ではないかと想像されたようだ。しかし、この時の発見によって「れんぞ」の語源は「蓮座《れんざ》」ではないかという仮説がうまれる。

平安時代、迎講《むかえこう》の際に、葬送儀礼の体験が行われていたのではないかという推測である。

今も真言密教《しんごんみっきょう》では灌頂《かんじょう》という秘儀《ひぎ》がある。灌頂とは、菩薩《ぼさつ》が仏になる儀式になぞらえて、私たち衆生《しゅじょう》が仏さまとご縁を結ぶ真言宗の最高法儀であるが、その中で、結縁《けちえん》者が大日如来さまの宝冠を被《かぶ》る儀礼があり、自身が仏さまと一体となった自覚を高めるのである。當麻寺の迎講《むかえこう》では、仏さまの乗る蓮の台座に自らが乗って板光背の前に立ち、自身が仏と一体となった自覚を高める儀礼を行っていたのではないか。そしてその際、「蓮座に乗る儀式に行こう」「蓮座に行こう」「レンゾに行こう」というふうに自然と行事の名前が「れんぞ」になったのではないか、という推測である。

當麻寺は謎多い寺といわれるが、新しい発見がさらに新しい謎を呼ぶという「謎」の無限ループに陥っている。

夢で緊張させる人

私が僧侶になりたての頃、師匠であり父である松村實秀《じっしゅう》に随行《ずいこう》してほかのお寺さまの行事や会合などに行くと、いろんなお寺のご老僧からお声をかけていただき、たいていこういわれた。

「あんた當麻《たいま》の息子さんか、あんたのおじいさんはなぁ……」

實照《じっしょう》と實秀《じっしゅう》は本当の親子ではなかったが、實秀は養子となって松村姓となったので、私にとって實照師は〝おじいさん〟となるわけだ。

「あんたのおじいさんはなぁ……」の後はきまって「怖い人やった」と続き、そして必ずといっていいほど「ワシもよう怒られた」となる。松村實照を知る方《かた》はお坊さんに限らず、みな判で捺したように「怖い人やった」と口をそろえるので、實照師はどれだけおそろしい人で、どれだけの人に怒っていたのかと震えるのである。
ただ、「よう怒られた」と私に話してくださる方々《かたがた》も、きまってその表情は明るく、なんだかんだで愛されていた人なんだなぁということは伝わってくる。

ずいぶん昔に聞いたのでどなたから聞いた話か忘れてしまったが、「法印《ほういん》さん（實照師）に怒られて寺から帰るときは〝もう二度と来るか！〟と思うんやけど、当麻寺《たいまでら》駅に着く頃には〝また法印さんに会いに来たいなぁ〟と思てしまうんや」とその方《かた》は回想された。

一九四五（昭和二十）年、實照師が「ワシは（防空壕に入らず）弥勒《みろく》さんと心中する」と言った時（P71参照）、その発言は、現在の椿本チエイン株式会社、椿本興業株式会社の創業者である椿本説三《つばきもとせつぞう》氏の耳に入り、實照師を案じた椿本氏はあわてて中《なか》之坊《のぼう》に駆け付けてきたそうである。

この時、椿本氏はなんと「金堂《こんどう》の弥勒像を守れる防空施設を造るので、法印さんは心配せんと防空壕に入ってください」と提案したらしい。

あの大きな弥勒像を守る施設とはいったいどんなものを想定していたのだろうか。

急を要するものであるからとにかく早く完成する応急的な施設を提案する椿本氏に対し、ご本尊に相応しい立派なものでないといけないという實照師との間で何度もやりとりがあり、ようやく椿本氏が實照師を説得した時にはもう八月十二日になっていたそうだ。

間もなく日本は敗戦し、この施設が実現することは無かった。

實照師は一九七〇（昭和四十五）年に遷化《せんげ》しており、私は一九七二（昭和四十七）年生まれなので接点はないのだが、いつだったか一度、夢でお会いしたことがあった。あの時の緊張といったらあったものではない。夢であれだけ緊張したことは無いだろう。何か怒られるのではないかとカチコチになっていたが、實照師は中之坊を一通り見て回られて、「うん」と静かにうなずかれた。なんとなく褒めていただいたような気がした。

食べることのできる幸せ

父松村實秀《じっしゅう》は一九三七（昭和十二）年、大阪の堺の生まれで、もとは中村秀男《ひでお》といった。八歳の時に当時流行していた感染症で母と姉を亡くし、その二年後には父を亡くし、残された秀男と幼い妹は兄妹はなればなれに親戚の家に預けられることになった。秀男が親戚宅に住まわせてもらっていたのは三カ月ほどだったそうだが、この期間の秀男少年は相当ひもじい思いをしたらしい。居候の身であるからわずかな食事しか与えてもらえず、その頃の秀男は常にお腹を空かせていた。家の者がお腹いっぱいに食べているのを横目で見ながら、「どこかの家か畑に盗みにいこうか」と何度も考えたほどだという。

そんな空腹に耐える毎日が三カ月ほど続いた年の暮れ、秀男は突然お寺に放り込まれた。

それがこの當麻寺中之坊《たいまでらなかのぼう》だった。一九四七（昭和二十二）年十二月二十九日、何もわからずにつれてこられた秀男少年に、松村實照《じっしょう》師は「ここに居たかったら居てもええ」と言った。

實照師にはすでに十人ほどの弟子がいて、秀男はその末弟《まってい》の小僧として仕えることになった。得度《とくど》をして中村實秀となり、小学四年生として當麻小学校に通うことになったが、学校に行っている時間以外は、朝早くからお堂や庭の掃除などの寺の作務《さむ》と師匠夫婦のお世話に明け暮れ、遊ぶ間もなかった。高校は定時制に通い、大学は真言宗の種智院《しゅちいん》大学に通ったが、四月の新学期から一カ月半は、牡丹の開花時と練供養で忙しく学校に行かせてもらえなかったため、五月後半にはじめて授業に出た時には、「あら？　あなた受けるんですか？」と教授に驚かれたという。

實照師はかなり厳しい師匠であったので逃げ出していく弟子もたくさんいたようだが、實秀が逃げ出すことがなかったのは帰るところがなかったからというわけではなかった。當麻寺中之坊は檀家もなく裕福な寺ではなかったが、人並みに食べることはできた。常にお腹をすかせた三カ月間を経験した實秀にとっては、どれだけ厳しい奉公であっても「お腹が満たされる」という喜びがあり、それは何事にも代えがたいものだったのである。

實秀はまさか自分が寺を継ぐとは思っていなかったので、大学卒業後も掃除ばかりしていた。「大学まで出て何をしているのか」と他人に揶揄されたこともあったが、当時の實秀は学問をして立派になってというような気持ちも欲もなく、ただ師匠に精一杯お仕えしていくことしか考えていなかったので、三十歳を過ぎて、師匠が七十を数えた頃、突然に「お前がこの寺を継げ。兄弟子たちには文句を言われないようにしておく」と言われて驚いた。

兄弟子の何人かは中之坊を継ぎたがっていたようだったが、皆それぞれに継ぐべき寺が実家や縁戚にあったようで、それで實照師は帰る場所のない實秀を選んだのかもしれないが、實照師は實秀が後継者であることをはっきり示すために、實秀を養子にした。中村實秀は松村實秀となった。

一九七〇(昭和四十五)年一月、松村實照は遷化《せんげ》し、忌明《きあ》けののち實秀が跡を継いだ。ただ毎日食べられることに感謝し、ただ毎日食べさせてくれる師匠にお仕えしていたら、気が付けばその寺の住職になっていた。當麻寺中之坊は大和七福神の布袋尊《ほていそん》の札所であるが、實秀は住職時代、布袋和尚そっくりだとよく言われた。實秀の福々しい立派な腹は、満足に食べられなかった時の反動であろうか（苦笑）。

お釈迦さまは「一切《いっさい》有情《うじょう》は食に依《よ》って住《じゅう》す」（すべての生き物は食べ物のおかげで生きている）とおっしゃった。私たちは食べなければ生きていない、ということは逆にいえば、食べられさえすれば何とか生きていけるわけで、私たちはこの「食べられる」ということにもっと感謝しないといけないのだろうと父を見ていると思うのである。

途絶えかけた當麻曼荼羅絵解き

實秀《じっしゅう》のおかげで残ったものに「當麻曼荼羅絵解き《たいままんだらえとき》」がある。「絵解き」とは、仏画や絵巻《えまき》などの絵の内容を説明することであるが、「當麻曼荼羅絵解き」には独特の節回《ふしまわ》しがついていて、曼荼羅に描かれる極楽世界の様子を歌うように唱え上げるのが特徴である。

実はこの「當麻曼荼羅絵解き」は實照《じっしょう》師も継承していなかった。本来は、當麻寺の僧侶が代々受け継いでいたものであったはずだが、實照師が住職の頃には當麻の村の中に「絵解き師」と呼ばれる者たちが何人かいて、農閑期などに寺に来て、極楽の様子を語っていたそうである。つまり一般の農家の方《かた》が絵解きの節をお唱えしていたのだ。今でいう地域の観光ガイドのようなことである。

實秀は中之坊《なかのぼう》に入って間もなく、師匠に命じられて絵解き師の一人に絵解きを習い、時々参拝者にお唱えするようになった。しかし本人はこれがイヤだったらしい。小学生高学年から中学生の頃である。声変わりするかしないかの一番声のややこしい時期、うまくお唱えできず参拝者にクスクスと笑われたこともあったそうだ。師匠の言うことは何でも聞いていた實秀であったが、ある時「どうしてもいやなのでやめさせてほしい」と申し出たところ、實照師は「そうか」と認めてくれ、そこから三十年ほども絵解きから遠ざかった。

年月は経ち、毎日お経を唱え続け、また、食べられるようになった反動で恰幅もよくなった實秀は、作家の五木寛之《ひろゆき》先生に小説『風の王国』の中で〝つやのあるバリトン〟と表現されるまでの〝ええ声〟の持ち主になった。村の中に複数いた「絵解き師」はもう高齢で引退しており、誰も継承する者もなくなっていた。

師匠實照師が亡くなってしばらくして實秀は「當麻曼荼羅絵解きを残さないといけない」と思うようになった。

實秀はもう一度絵解きをやろうと決意をしたのだったが、ひとつ引っかかっていたことがあった。「當麻曼荼羅絵解き」が観光客向けの〝出し物〟になってしまっていたことである。

當麻曼荼羅絵解きを行う著者

當麻曼荼羅平成写本

「絵解き」が僧侶の手を離れることは他の寺院でも多く起こっていたようで、どんどん芸能化したものもある。社寺の絵解きのほとんどはその社寺の由緒や仏教説話を語るものが大半なので、僧侶ではなく話芸に長けた「絵解き師」が語る芸能になってもしかるべきであろう。

しかし、「當麻《たいま》曼荼羅《まんだら》絵《え》解《と》き」が絵解きするのは「縁起絵《えんぎえ》」ではなく「曼荼羅《まんだら》」である。「縁起絵」であれば一般の方《かた》が紙芝居のように語るのもよいであろうが、「曼荼羅」は経典の内容を図像化したものなので〝曼荼羅を語る〟ということは〝教えを説く〟ということで、曼荼羅の絵解きは僧侶が法儀《ほうぎ》として行うべきだと實秀《じっしゅう》は考えた。

また、「當麻曼荼羅絵解き」のことではないが、与謝野晶子《よさのあきこ》が當麻寺を訪れた時、曼荼羅堂で僧侶ではない堂守《どうもり》が寺の縁起を聞かせたようである。この時のことを晶子は「無稽《むけい》な縁起に可笑《おか》しな節をつけて長々と述べる」と辛辣な表現で書き記している。

そこで實秀はまず曼荼羅堂で絵解きを行うのをやめようと考えた。

曼荼羅堂にお祀りされる當麻曼荼羅は画面だけでも四メートル四方。絵解きは竿を持って指し示しながら唱えるのだが、上のほうまではとうてい届かない。そもそも参拝者の目線よりかなり高い位置にある上に、お堂が暗く、曼荼羅自体も経年で色褪せているので、細部まではよく見えない。節回しを聞かせるだけの名物芸のようになってしまうのは当然のことであった。

一九七八（昭和五十三）年、日本画家・前田青邨《まえだせいそん》の一周忌の追悼として弟子の入江《いりえ》正巳《まさみ》は「阿弥陀来迎図《あみだらいごうず》」を描いた。この絵は客殿「松室院《まつむろいん》」（現・写仏道場）の仏間に奉納されている。

この時に入江氏が實秀住職に聞いた。

「貫主《かんす》さん、この道場の襖に絵を描かせてくれないか？」

實秀はこう答えた。

「襖より描いてほしいものがありますねん」

こうしてできあがったのが、客殿松室院の大きな床の間に掛けられている掛軸「當麻曼荼羅」である。客殿で絵解きをするために實秀住職が依頼したものだった。四分一本《しぶいちぼん》といって原本の四分の一の大きさだが、原本が四メートル四方の大画幅なので縮小版といえども相当に大きい。

入江氏は實秀住職に曼荼羅を提案されて研究を重ね、十数年かけて當麻曼荼羅の写本を描きあげた。世は昭和から平成になっていて、この曼荼羅は「平成写本」と呼ばれた。

曼荼羅転写の意義

當麻曼荼羅《たいままんだら》の模写の歴史は古い。

奈良時代に中将姫《ちゅうじょうひめ》さまが織られたという曼荼羅は「根本曼荼羅《こんぽんまんだら》」と呼ばれ現存し国宝に指定されているが、長い年月とともに褪色しているため、秘仏として宝蔵《ほうぞう》にしまわれている。根本曼荼羅の褪色は古くから進んでいたようで、鎌倉時代には第一回目の転写作業が行われている。この最初の転写本は建保年間に制作されたようだが残念ながら現存していない。

第二回目の転写は室町時代に行われた。法橋慶舜《ほっきょうけいしゅん》によって文亀《ぶんき》年間に写されたので「文亀曼荼羅《ぶんきまんだら》」と呼ばれる。現在、曼荼羅堂に掛けられ、當麻寺のご本尊として拝まれているのがこれである。

その後、江戸時代に第三回目の転写本が制作された。貞享《じょうきょう》三年に完成したため「貞《じょう》享曼荼羅《きょうまんだら》」と呼ばれる。二〇〇八（平成二十）年より「文亀曼荼羅」が修復されるようになったおよそ四年間はこの貞享曼荼羅が掛けられた。『古寺巡礼7當麻寺』（淡交社刊 二〇一〇）の巻頭エッセイで、歌手のさだまさしさんが「江戸時代の写し」と書かれているのは、さださんがはじめて當麻寺に来られたのがこの時期だったからである。あるいは「根本曼荼羅」よりも目にする機会は少ないかもしれない「貞享曼荼羅」を當麻寺で拝観できたさださんはやはり〝持ってる〟人だというしかない。

ここで中将姫さまの「當麻曼荼羅」発願《ほつがん》の経緯をおさらいすると、『称讃浄土経《しょうさんじょうどきょう》』一千巻を写経した姫さまは、西の夕空に極楽世界が浮かび上がるのを目の当たりにされ、當麻寺に入門した際に「あの夕空に観た極楽世界を今一度拝ませてほしい」という一念で観音さまにお祈りされ、そして曼荼羅織成《しょくせい》ののちは極楽世界の美しさと安らぎを人々に伝え続けた、ということである。つまり、中将姫さまの願いは美しい極楽世界を人々に見せてあげたいということだと考えると、色彩を失った曼荼羅では中将姫さまの願いは届かないのではないか。おそらく昔の人たちもそう考えたのだろうと思う。だからこそ、「當麻曼荼羅」は、鎌倉時代、室町時代と二度にわたって代替わりしながら受け継がれ、江戸時代にはさらにもう一幅《いっぷく》制作されるほどに大切にされてきたのである。

當麻寺のご本尊として正式な転写はこれらの三回であるが、ほかにも写本は数多く作られ、全国に迎え入れられている。こうして中将姫さまの願いの通り多くの方々《かたがた》に極楽世界の荘厳な有様を目にしていただけるようになった。當麻曼荼羅の複製制作は単にレプリカを作るということではなく、中将姫さまの願いを受け継ぐ浄業なのである。

そして入江正巳《いりえまさみ》氏が精魂込めて描かれた「平成曼荼羅」は、中之坊客殿にお祀りされて絵解きに用いられることになる。その後はさらに写仏や写経をする方《かた》のご本尊にもなり、七月二十三日の蓮華会《れんげえ》の礼拝対象にまでなっていくのだが、それはまたのちに書くことにする。

テキトーでいいかげん

入江正巳《いりえまさみ》氏の大作である「當麻曼荼羅平成写本《たいままんだらへいせいしゃほん》」が中之坊《なかのぼう》に奉納されたのは一九九三(平成五)年。その開眼法要《かいげんほうよう》には私も大学生ながら職衆《しきしゅう》として法要に参列させていただいた。

大学生といっても私は同志社大学に進学していたので、大学で仏教の法儀《ほうぎ》などは習っていない。もちろん正式な僧侶になるための四度加行《しどけぎょう》も受けていない時期だったので、得度《とくど》をすませただけの半僧であった。ただ、私はキリスト教系の学校である同志社大学では仏教の勉強はできないと思っていたのだが、ゼミの教授は比較思想がご専門で、ご本人はキリスト教を信仰されていたが、私が寺の息子であることにたいへん興味を持っていただき、東西の思想の比較でさまざま対話をさせていただいた。おかげで卒業論文はお釈迦《しゃか》さまとソクラテスの比較をテーマに研究を行い、違った角度から仏教の勉強ができたのは幸運であった。

それとともに、ちょうどその頃、私よりも三歳年上の学生さんが父・實秀《じっしゅう》に弟子入りしていて中之坊に通っていた時期であったので、私もその学生さんの聲明《しょうみょう》の稽古に同席させていただいており、それなりに法儀を勤めることができたのは重ねて幸運であった。

實秀はおおらかというのかテキトーでいいかげんなので、自身が自動車の運転免許を持っていなかったもので私が運転免許を取得したらもう「代わりにあそこに行ってくれ、どこそこに行ってこい」とろくに説明もないままいろいろなところへ行かされ、近隣の寺院の落慶《らっけい》法要に参加した時には、半僧の私に配役が当たっていて驚いたことがあった。本来そういうことはあってはならないことだが、まぁそのあたり周りのお寺さんもおおらかで、半僧の私が職衆《しきしゅう》に入るようなテキトーでいいかげんなことがなぜか許されていた時代だった。

適当とは「ちょうど適している」ことであり、いい加減とは「ほどよい」ということだ。實秀は細かいことを気にしないのでうらやましい性格だなぁと私は思っている。

しかしそんな父實秀も、私が同志社大学に進学した時は「こいつはお寺を継いでくれるのか?」とさすがに心配したらしい。私はお寺を継がないということは考えたことがなかったので、なにをしょうもないことを心配していたのかと父を笑っていたのだが、親の心は親になってはじめて知るというのは本当である。のちに私はそのことを思い知ることになるのだが、それもまたあとのほうで書くことにする。

當麻の絵解きは拝礼式

私が「當麻曼荼羅絵解き《たいままんだらえと》」を習ったのは一九九六（平成八）年。同志社大学卒業後、高野山の道場に入り、そこでの修行から當麻に帰ってきて、當麻寺の責任役員に就任した年である。

「當麻曼荼羅絵解き」はおよそ二分半程度の節回しの中で、中央に阿弥陀三尊《あみださんそん》がおられ、上のほうには宮殿楼閣があり、下のほうには蓮池があり……など、極楽世界の様子をお唱えしていくのだが、最後には中将姫さまの恩徳を称《たた》え、諸仏と中将姫さまに対して拝礼する文言があった。

なるほど父のいうとおり、これは法儀だということがわかった。芸能というより拝礼の作法である。それが本来の「當麻曼荼羅絵解き」の特徴で、法衣をまとい袈裟《けさ》をつけて行うべきものであったのだ。

二〇〇六（平成十八）年、日本芸術文化振興会よりオファーをいただき、私は国立劇場という大舞台で「當麻曼荼羅絵解き」を行うという機会をいただいた。「語りの世界」というイベントの演目で、聲明《しょうみょう》↓平家琵琶《へいけびわ》↓節談説教《ふしだんせっきょう》ときて私の絵解きはトリであった。このようにしてみると、「絵解き」とは語りの歴史の中で最後に登場するもののようである。やはり「絵解き」が芸能化していくのは当然のことであったのだろう。

しかし「當麻曼荼羅絵解き」は説話《せつわ》ではなく経典の内容を説くものであるので、縁起絵を説くほかの「絵解き」と比べると異質である。そもそもの「當麻曼荼羅絵解き」は中将姫《ちゅうじょうひめ》さまが老尼から授かったとされているので、本来は師匠から弟子に※「法水写瓶《ほっすいしゃびょう》」で伝えていくものであっただろう。しかし「絵解き」の持つ「語り物」としての性格により一時は僧侶を離れ、「絵解き師」によって変容しながら伝わってきたのだ。「當麻曼荼羅絵解き」は、「語り物」であると同時に「お唱えもの」でもあり、「お唱えもの」であると同時に「語り物」でもあるという独特のものなのである。

入江氏の描きあげた「當麻曼荼羅平成写本」が奉納されたことによって、練供養会式の日のほか、団体申し込みの入った時などに、「絵解き」は中之坊客殿で行うようになっていた。實秀が想定したように、曼荼羅堂で行うよりも厳粛に勤めることができるようになった。

私が「當麻曼荼羅絵解き」をお唱えする時は、参拝者の方々《かたがた》には合掌して拝聴いただき、最後には皆さん一緒に礼拝していただいている。

練供養会式の日、あるいはそのほかの機会に「當麻曼荼羅絵解き」に参加される機会があれば、伝統の節回しを聴きながら、ともに諸仏諸菩薩《しょぶつしょぼさつ》と中将姫さまに拝礼をしていただきたい。

※法水写瓶……瓶（かめ）から瓶へ水を一滴もこぼさず移すように、師が弟子に仏法の奥義を伝授すること（P29参照）。

當麻寺の風景

金堂

弥勒仏坐像（白鳳時代／国宝）

日本最古の塑像

広目天立像（白鳳時代）

持国天立像（白鳳時代）

多聞天立像（鎌倉時代）

（右）広目天邪鬼

講堂

地蔵菩薩
（平安時代／重要文化財）

妙幢菩薩立像
（弘仁時代／重要文化財）

阿弥陀如来坐像（平安時代／重要文化財）

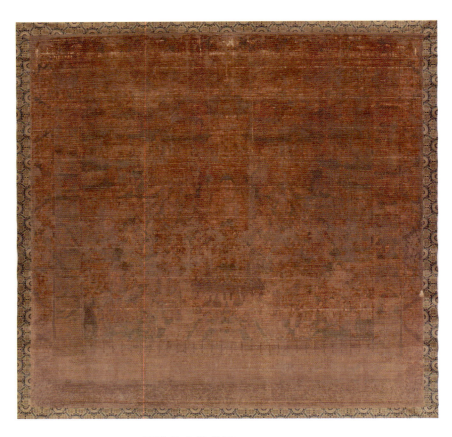

綴織當麻曼荼羅（當麻寺蔵／国宝）

當麻曼荼羅 文亀本（當麻寺蔵）

室町時代後期に描かれた転写本。文亀三年の銘がある

當麻曼荼羅 平成本（當麻寺中之坊蔵）

昭和の終わりから平成にかけて描かれた模写本。平成五年に奉納された

昭和五十七年までの陀羅尼助づくり

陀羅尼助づくりは、水が最も清らかだとされる大寒の期間に行われている

當麻寺中之坊 五十六世住職
松村實秀師

かまどの上には、當麻寺に陀羅尼助を伝えた
とされる役小角の像が祀られている

現在の大釜

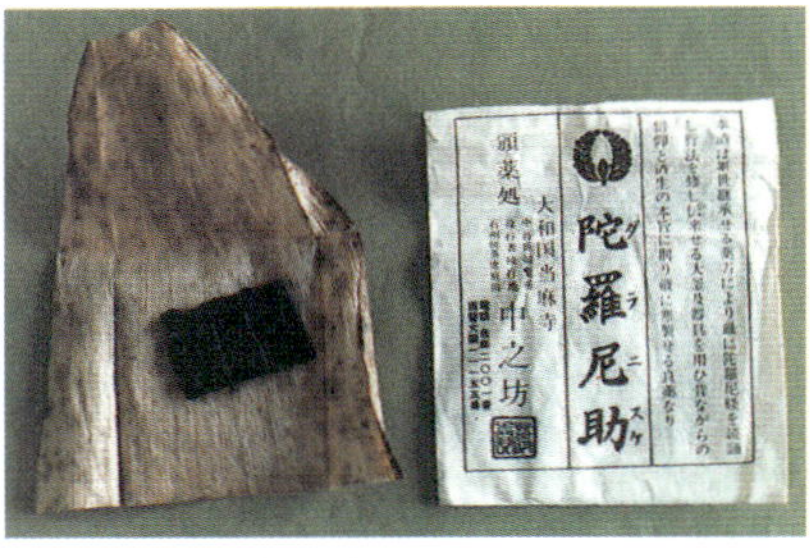

一袋に三グラムずつ入れて販売されていた

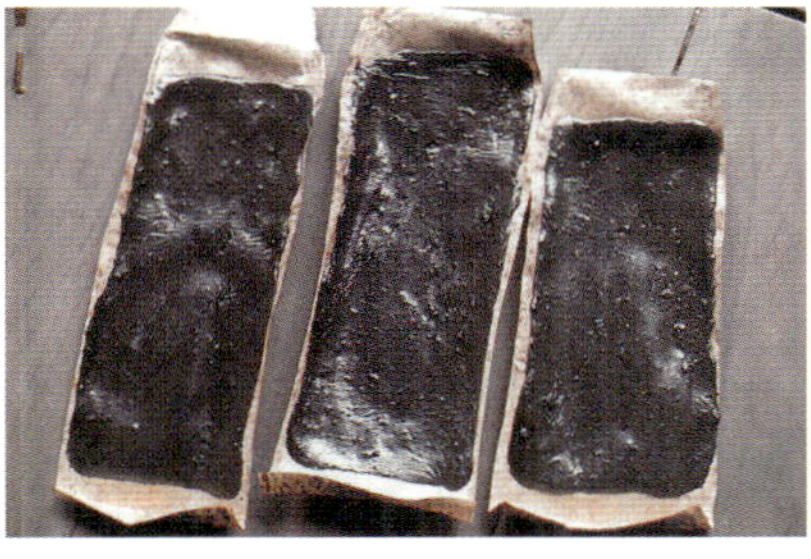

練り上げられた陀羅尼助を竹の皮に塗って乾かす

中将姫《ちゅうじょうひめ》廿《にじゅう》九才《きゅうさい》御《ご》真影《しんえい》（鎌倉時代／奈良県有形文化財／當麻寺中之坊蔵）

女性が単独で描かれる肖像画としてわが国最古のものとみられている

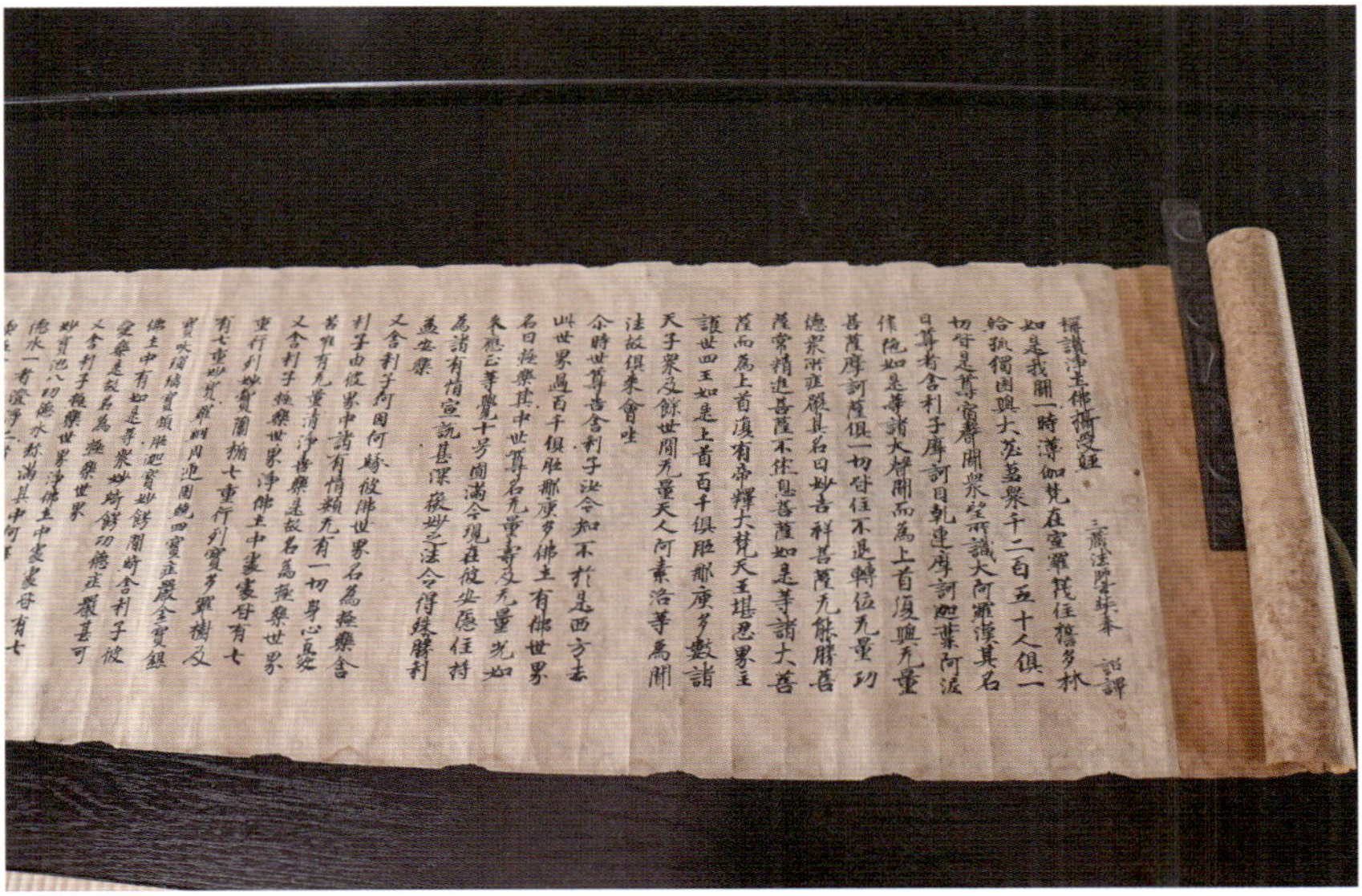

當麻寺 中之坊に残されている、中将姫が書いた『称讚浄土仏摂受経《しょうさんじょうどぶっしょうじゅきょう》』の写経

約一千三百年前、中将姫が写経された一千巻のうちの一巻といわれ、「中将姫願経」とも呼ばれている

練供養会式

毎年四月十四日、十六時から行われる

蓮華会式

大きなうつわに食材を盛った蓮華会式のお供え

中将姫剃髪堂

導き観音

香藕園からのぞむ東塔

中之坊庭園 香藕園から茶室をのぞむ

111 龍游図

天井絵（一部）

行く道を照らす

中将姫《ちゅうじょうひめ》さまが観音菩薩《かんのんぼさつ》さまとともに當麻曼荼羅《たいままんだら》を織り上げたのは旧暦六月二十三日の朝である。そしてその一週間前の六月十六日が発願《ほつがん》の日とされている。中将姫さまは六月十五日に剃髪《ていはつ》して尼となり、その翌日十六日に剃髪した毛髪を糸にして仏さまの種字《しゅじ》（梵字《ぼんじ》）を手縫いしてご祈願をされたという。

中将姫さまがご祈願された日ということなので、江戸時代にはこの六月十六日にご祈祷を受ける方《かた》が多かったようである。しかしいつの頃からかご祈祷も五月十四日の練供養《ねりくよう》の日に受ける人が多くなり、六月十六日にご祈祷を受ける風習は廃れてしまっていた。

今ではまた、参拝者が毛髪を髪塚に納めて祈願する行事「中将姫　髪供養会《かみくようえ》」が六月十六日に行われ、この日にご祈祷を受ける慣習も復興を遂げた。そのきっかけとなった出来事が一九九八（平成十）年の髪塚《かみづか》建立である。

一九九七（平成九）年のある日、田中という初老の男性が突然中之坊《なかのぼう》にやってきて「髪の毛を拝んでもらえるところを探している」と言った。聞けば田中氏は整髪剤などを製造する会社の方《かた》で、営業として理髪店を回っていると床に落ちた髪の毛が踏まれてゴミとして扱われているのが気になりだして、どこか髪の毛を供養してくれるところはないかと思って来たと言われた。

なるほど、當麻寺中之坊が中将姫剃髪所ということを調べて来られたのかと思って話をすすめていると、なんと田中さんは當麻寺中之坊が中将姫剃髪所であることはおろか、中将姫さまのことすら全く知らなかったのである。ただ「どこか供養をしてくれるところはないか」と思いながら大阪阿部野橋《あべのばし》駅から近鉄電車に乗っていたところ、なんとなく塔が見えたので当麻寺《たいまでら》駅で電車を降りてやってきたというのである。當麻寺中之坊には中将姫さまが剃髪に使われたという日本最古の剃刀《かみそり》があるとか、中将姫さまが毛髪で種字を刺繍した掛軸があるとか、そもそも髪にゆかりのあるお寺であることすら知らずに来られていたのである。

中之坊のご本尊は十一面観音《じゅういちめんかんのん》さまであり、中将姫さまを導いたことから「導《みちび》き観音《かんのん》さま」と呼ばれて信仰されている。今も「行く道に迷ったとき足元を照らし行くべき道を示してくださる」観音さまと知られているが、まさに導き観音さまが田中さんの道案内をしたとしか思えない出来事であった。

観音さまのお導きにより、田中さんの勤める会社の村井善雄《よしお》社長により毛髪を納める石塚「髪塚」が建立され、一九九八（平成十）年一月十六日に開眼《かいげん》供養《くよう》された。そして同年六月十六日に、中将姫さまの発願日に合わせて毛髪を納め、供養させていただいた。

古来、中将姫さまの発願日としてご祈祷を受ける風習があった六月十六日。髪塚ができてのちは、ご祈祷を受ける参列者の方々《かたがた》にも中将姫さまの毛髪刺繍の前で毛髪を少し切っていただき、その毛髪を髪塚に納めて祈願していただけるようになり今に至るのである。

私の拠りどころ

導《みち》き観音《かんのん》さまのお像は中将姫剃髪堂《ちゅうじょうひめていはつどう》にお祀りされている。

千年以上前、平安時代前期のヒノキの像で、一木造《いちぼくづく》りならではの堂々と胸を張った姿でありながら、中将姫《ちゅうじょうひめ》さまの守り本尊らしく少し腰をねじり膝を曲げた優美な姿をしておられる。愛らしさと威厳とを両方持ち合わせた御像で、向き合うとなんだかホッとする観音さまである。六月十六日だけでなく毎月十六日は中将姫さまの発願の日に因《ちな》んで午後二時より祈願会《きがんえ》があり堂内で参拝できるので、ぜひ導き観音さまとご縁を結んでいただきたい。

導き観音さまは中将姫さまの守り本尊であることからやはり女性の信仰が厚く、〝女人《にょにん》の守《まも》り本尊《ほんぞん》〟といわれてきた。なので、婦人病に悩んだり、将来下《しも》の世話にになりたくないといった女性が昔から多く参拝され手を合わせてこられた。近年は安産祈《あんざんき》願《がん》に訪れる方《かた》がとても多いし、毎月十六日の祈願会《きがんえ》でもやはり女性の参拝者が圧倒的に多い。

ただ、さきほどの田中氏も男性であったように、ちゃんと男も導いてくださるということをここで声を大にして言っておこうと思う。私なんぞはこどもの頃からこの観音さまを慕っているので、「夏休みの宿題が間に合いません」とかそんなくだらない悩みで観音さまにすがったものであるが、そのたび観音さまは呆れておられたと思うけれどもなんだかんだで助けてくださったものである。

導き観音さまは私の心の拠りどころなのである。

人は一人では生きていけない、とはよくいわれることだが、何か辛い時、大変な時に、悩みを相談できる相手が人には必要だと思う。家族であったり、友人であったり身近にそういう人があればいいということはないが、いくら親しくても他人には打ち明けられないようなことがあった時、それをぶつけることができるのが〝仏さま〟ではないかと思う。

私には観音さまが近くにいるので、何かの時には観音さまに悩みを打ち明けているのだが、観音さまはだまってそれを受け止めて微笑んでくださるのである。「コイツはいくつになっても……」という苦笑いにも見えるが……。

今もこの「當麻寺の365日」の原稿に向かいながら、身の程をわきまえずたいへんなことを引き受けてしまったと後悔し、この話を持ちかけてきた興福寺の辻明俊師を恨みながらせっせと書いているのだが、そのような愚痴も観音さまにぶつけつつ、なんとか乗り切ろうとしている今日このごろである。

蓮華会のお供え膳

當麻寺最大の行事は「練供養会式《ねりくようえしき》」であるが、最も大切な行事は「蓮華会式《れんげえしき》」といってよいだろう。

蓮華会式は旧暦六月二十二日の夕刻から二十三日の朝にかけて當麻曼荼羅《たいままんだら》が織り上がったことにちなむ法会《ほうえ》である。発願《ほつがん》の法会は新暦六月十六日に行われるが、完成の法会は旧暦六月二十三日にちなんで、新暦七月二十二日の夕刻と二十三日の朝に曼荼《まんだ》羅堂《らどう》にて行われている。

二十二日夕刻の法会《ほうえ》は真言宗の僧侶だけで勤められ、二十三日朝の法会《ほうえ》は真言宗の僧侶と浄土宗の僧侶が順にお勤めをする。いずれも拝観時間外のため一般拝観できるわけではないが、二十三日の午前中の早い時間に拝観をすると、この日の朝だけにお供えされる大きなお供え膳を目にすることができるかもしれない。

蓮華会式のお供え膳は毎年七月二十二日に中之坊《なかのぼう》か西南院《さいないん》のいずれかで作られる。内容は膾《なます》、蒸し飯《めし》、汁物と野菜の椀がふたつの合計五椀で、デザートのスイカを含めて六品である。大きな曼荼羅にふさわしい大きなお椀なのでお供え膳も大きく作らねばならず、ふたつの野菜椀のひとつはあえて大きく育てたキュウリを用い、もうひとつの椀は茄《な》子《す》を百個ほど積み上げて数で勝負する。いずれも近隣やゆかりの方《かた》がご寄《き》進《しん》くださる野菜でたいへんありがたいことである。汁物はカイワレなどの菜《な》ものを用い、飯椀は三升ほどの蒸し飯を盛る。そして最も特徴的なのが膾《なます》である。膾《なます》といえば細切りの食材を甘酢などで和えたものを思い浮かべると思うが、本来膾《なます》とはお酢の料理ではなく生肉や魚などを細かく刻んだだけのものをいい、蓮華会の膾《なます》では精進《しょうじん》なので茄子とキュウリを切って盛り付ける。その際、茄子をブロック状に切って九段に積み上げていき、中央の五段でキュウリを使ってひし形の紋をつくる。上部にはミョウガを竹櫛に刺して極楽世界に飛ぶ鳥をあらわす。時々風でゆれて極楽鳥《ごくらくちょう》が舞っている姿を演出してくれるのである。

とにかく文章では上手く伝わらないと思うのでまずは写真で見ていただければと思

う。そして蓮華会式にお供えされた野菜などを食べれば夏負けしないとされているので、機会があればご参拝いただいて実際に珍しいお供えものを目にしていただき、おさがりの野菜も受け取って暑い夏を乗り切っていただけたらと思う。

蓮華会法則の復興

中之坊《なかのぼう》には『蓮華会法則《れんげえほっそく》』という江戸時代に書かれた次第本《しだいぼん》（法会《ほうえ》のテキスト本）が残っており、それを見るとかつての蓮華会は、いま曼荼羅堂でお勤めしている法会の内容とはずいぶん違っていることがわかった。当時は「四箇法要《しかのほうよう》」といって法会の最初のところで唄《ばい》、散華《さんげ》、梵音《ぼんのん》、錫杖《しゃくじょう》の四つの聲明《しょうみょう》曲を用いるたいへん丁寧な法要を行っていたようだ。四箇法要といえば奈良時代に東大寺の大仏さま開眼の時に盛大に行われた伝統あるもので、當麻寺金堂の修正会《しゅしょうえ》や中之坊で一月十六日に勤めている十一面悔過《じゅういちめんけか》も四箇法要である。それにもかかわらず當麻寺で一番大切な行事で四箇法要が失われているのは残念なことであった。

また、一六八〇（延宝八）年に書かれた文書『和州當麻寺真言宗学侶行人年中行事』には「蓮華会」が旧六月二十三日の十四時より行われていたことが記録されていることがわかった。
そこで私は、七月二十三日の十四時から、『蓮華会法則』に基づいた法要を再興することにした。

法会の道場は中之坊客殿「松室院《まつむろいん》」とした。一九九三（平成五）年に入江正巳《いりえまさみ》氏が描かれた畢生《ひっせい》の大作である當麻曼荼羅平成本が掛けられているからだ。中将姫《ちゅうじょうひめ》さまが奈良時代に織成《しょくせい》された當麻曼荼羅は長い年月を経て褪色《たいしょく》してしまっているが、完成した当初は鮮やかな色彩で極楽世界を絢爛《けんらん》にあらわしていたはずである。平成写本の美しい當麻曼荼羅の前で蓮華会を行なえば、まさに中将姫さまが織成された当時の感覚を体感できるであろう。

客殿「松室院」は二〇〇五（平成十七）年より写仏や写経のできる道場となり、現在は松室院というより「写仏道場《しゃぶつどうじょう》」の名で知られている。ここでは美しい絵天井の下で、當麻曼荼羅に描かれる中尊の阿弥陀如来《あみだにょらい》さまや脇侍《きょうじ》の観音菩薩《かんのんぼさつ》さま、勢至菩薩《せいしぼさつ》さまの写仏、あるいは中将姫さまの書いた経巻のお写経をすることができる。

写仏、写経は曜日や日時が決まっているわけではなく毎日できるので、七月二十三日もいつもと変わらず写仏、写経ができ、この日の午後に写仏、写経に参加すれば、「蓮華会」が行われている真後ろで、同じ空間で筆を運ぶことができるのである。法会に参加しながら写仏、写経ができるのは一年のうちでこの日だけである。

美しい曼荼羅を前にして古式の作法で勤められる蓮華会の聲明《しょうみょう》を聴きながらの写経、写仏は、中将姫さまの追体験のような感覚が得られるのではないだろうかと思っているが、私は聲明をお唱えし法会を勤める側なので、実際そうなのかどうかはわからない。

法悦歓喜ということ

『蓮華会法則《れんげえほっそく》』に基づいて古式《こしき》に勤《つと》めるようになった中之坊《なかのぼう》の蓮華会は、唄《ばい》、散華《さんげ》、梵音《ぼんのん》、錫杖《しゃくじょう》の四箇法要《しかのほうよう》からはじまるおよそ二時間程度の法会《ほうえ》である。四箇法要のあとは『讃嘆伽陀《さんたんかだ》』『称讃浄土経《しょうさんじょうどきょう》』などが続いていくが、中でも参列の方々《かたがた》には最後のほうでお唱えする中将姫和讃《ちゅうじょうひめわさん》が心に残るようである。

和讃《わさん》とは仏菩薩や先人の徳を褒め称える聲明《しょうみょう》曲の一種で、インドの梵語《ぼんご》や中国の漢語ではなく日本の言葉でお唱えするものをいう。

中将姫和讃は中将姫《ちゅうじょうひめ》さまの誕生から極楽往生を遂《と》げるまでの生涯を七五調の和語《わご》で唱え上げ、姫さまの徳を讃嘆する。

日本の言葉なので意味がわかりやすく、耳で聴きながら中将姫さまの足跡《そくせき》を辿ることができる。

二〇一八（平成三十）年七月、およそ五年間かけて修復が完成した記念として「国宝綴織當麻曼荼羅《こくほうつづれおりたいままんだら》」つまり中将姫さまの織り成した「根本曼荼羅《こんぽんまんだら》」が奈良国立博物館で特別公開されることとなった。この時に、「根本曼荼羅」の前で蓮華会を勤めてほしいというお話をいただき、當麻寺での蓮華会式七月二十三日の翌日二十四日に奈良国立博物館にて法要を行った。

前日に曼荼羅堂にお供えしたお供え膳のうちいくつかを運んで「根本曼荼羅」の前に並べ、およそ二時間近くの法要内容を約三十分程度に集約してお勤めを行った。中将姫和讃はせっかくなので省略せずにお唱えしたのだが、その終盤にさしかかった時だった。

糸を五色《ごしき》に染め上げて　六月《みなづき》二十三日の
一夜三時《いちやみとき》に九尺《くしゃく》の間《ま》　観音化身《かんのんけしん》あらわれて
織り上げ給える曼荼羅《まんだら》は　……

この瞬間にお唱えしながら私は息を詰まらせてしまった。いま和讃でお唱えしてる曼荼羅そのものが目の前にあることに心が震え急にこみあげてきたのである。

私は幼少から「文亀曼荼羅《ぶんきまんだら》」を拝んで育ち、僧侶になってからも拝んできたのは「文亀曼荼羅」なので、「文亀曼荼羅」に格別の愛着がある。「根本曼荼羅」は小学生の頃にはじめて目にし、その後何度か目にする機会はあったが、素晴らしいなとは思いつつも「これこそが中将姫さまの曼荼羅だ」というまでの胸の高まりは正直それほどなかったのである。

それが目の前で法儀を勤め、中将姫和讃をお唱えさせていただいたところ、「あゝ中将姫さまの曼荼羅が今ここに」と心が震えたのである。周囲に博物館の方《かた》や観覧者の方《かた》がおられたのでグッと堪えて持ち直したのだが、一人で唱えていたら大泣きしていたように思う。

仏さまの教えを聴く喜びを「法悦《ほうえつ》」といい、法会でお経の声を聞いて喜びを感じればそれもまた「法悦」というが、法会を勤めること自体もまた「法悦」なんだということを改めて感じさせていただいた出来事であった。

蓮の造り花

七月二十三日の午後にお勤めする蓮華会《れんげえ》では平成當麻曼荼羅の前に紙細工の蓮の花をお供えする。

蓮華会（蓮華会式）という行事名の由来はもちろん中将姫《ちゅうじょうひめ》さまが蓮の茎から取り出した糸で曼荼羅を織ったことによるものだが、蓮の花の咲く時期に行われる行事ということでもあるので、できれば蓮華会に蓮の花をお供えしたい。しかし、蓮の花は午前中しか開かず、午後には閉じてしまうので、十四時からの法要に開いた花をお供えすることはできない。そこで色和紙を用いて紙細工の花を造りお供えすることにしたのである。

紙製の花をお供えしたり法要で散じたりということは奈良時代から伝統的に行われている。木製の蓮の造花も昔からあるし、最近では樹脂製の蓮の造花も売られているが、毎年手づくりで作り変えたいと考えたので、材料はあえて百円ショップなどでも手に入る安価なものを使い、私自身を含めた寺の職員と近隣の有志の方々《かたがた》とで、蓮華会のおよそ一カ月前の六月二十日前後に製作している。

紙粘土で花托《かたく》を作り、そこに花びらの形に切った折り紙を貼り付けて花を作る。茎はワイヤーに緑色の和紙を巻き付けて、蓮の葉も緑色の折り紙を切って作る。葉の裏面には黄緑色の紙縒《こよ》りで葉脈《ようみゃく》を拵《こしら》えて貼り付けるなどなかなか凝って作っている。手づくりなので形が不ぞろいであったり、切り口が不細工なのはご愛敬だ。皆ハサミ片手にくだらないことを談笑しながらであるが、いたって真面目に工作に勤《いそ》しんでいる。

蓮の花の色は、曼荼羅の左右の花器二鉢ずつ計四鉢には黄色、青色、赤色、白色を各色ごとに五輪ずつ生ける。この配色は、中将姫さまが一千巻お写経されたという『称讃浄土経』に書かれていることにしたがっている。そして中央の華瓶《けびょう》には色彩の違う花を五〜七色をひとつの華瓶に生けて五色花《ごしきばな》と呼んでいる。中将姫さまが五色の蓮の糸で曼荼羅を織ったことに準《なぞら》えている。

完成して曼荼羅の前に並べるととても壮麗で、極楽世界の蓮池はきっとこんなであろうと思えてくるものである。もちろん本物の花をお供えできるのが一番なのであろうが、紙細工の花はなかなか劣化しないので、長く楽しむことができて嬉しいものである。

しかも、経典には、黄色、青色、赤色、白色の四色の蓮花《れんげ》がたしかに説かれているのだが、現実世界には青色の蓮の花は存在しないという。

青色の蓮を飾って経典の通りに表現できるのは、紙細工の造《つく》り花《ばな》だからこそである。

香藕園の蓮華

経典で「蓮華《れんげ》」あるいは「蓮花《れんげ》」という場合、現実世界でそれに相当するのは蓮《はす》の花とは限らない。特に青い蓮は存在しないので青蓮華《しょうれんげ》といえば青い睡蓮《すいれん》がそれにあたるとされ、また黄色い蓮は存在するが古代インドの人たちが黄蓮華《おうれんげ》とあがめていたのは黄色の睡蓮だったともいわれている。蓮も睡蓮もいずれも泥の中から出て美しい花を咲かせることから、煩悩《ぼんのう》の中から清らかな仏さまの心があらわれるさまにたとえられ、仏教で尊ばれてきたわけである。

中之坊《なかのぼう》の庭園は中世の石組みの名残《なご》りを残す當麻寺で最も古い庭園で、その後の石組みは概《おおむ》ね桃山時代に完成し、さらに江戸時代初期に片桐石州《かたぎりせきしゅう》公が改修して現在の景観になった。古くから大和三名園のひとつに数えられ、一九三四（昭和九）年には国の史跡と名勝に指定された名園であるが、この名園には長く庭園名がなかったので、一九三七（昭和十二）年に東久邇宮稔彦王殿下《ひがしくにのみやなるひこ》により園名を賜った。それが「香藕園《こうぐうえん》」である。

「藕」とはハスのことで、中将姫《ちゅうじょうひめ》さまの曼荼羅には「藕糸曼荼羅《ぐうしまんだら》」という別名があり、現在も行われている蓮の繊維による織物を「藕糸織《ぐうしおり》」という。中将姫さまゆかりの「藕」の字を与えていただき大変ありがたいことである。

現在、香藕園の心字池には睡蓮の花が咲いているが、貴族院議員で伊勢神宮大宮司も務められた高倉篤麿子爵《たかくらあつまろ》が書き記したところによると、昭和十年代当時はコウホネが咲いていたらしい。コウホネもスイレン科の植物である。東久邇宮殿下は庭園の池にコウホネの咲くさまをご覧になりながら、中将姫さまの藕糸曼荼羅に描かれる極楽浄土の蓮池を連想されたのではないだろうか。

現在、香藕園に咲くスイレンは、例年五月中ごろから九月中ごろまでのおよそ四カ月にわたり、仏心を象徴するような純白の清楚な花を咲かせてくれる。それに加えて、赤色、青色、黄色の睡蓮を育成し、『称讃浄土経』に説かれる極楽の池を表現しようと試みているが、咲く時期にズレがあるので、うまく同時には咲いてくれないし、なによりも黄色や青い色は花を咲かせてくれること自体がなかなか難しい。

しかしそれこそが自然であるし、思い通りにならないからこそ咲いてくれた時の喜びも一入《ひとしお》というものである。

ちなみにコウホネは全国的に生存が少なくなっており、絶滅が危惧されるほどであるという。中之坊では前述のように昭和前期には香藕園の心字池にコウホネが咲いていたようで、藤懸静也《ふじかけしずや》の作、徳力富吉郎《とくりきとみきちろう》の摺《す》りとなる当時の版画に、香藕園の心字池に黄色いコウホネの咲く様子が描かれている。そのような花がいつからか心字池から姿を消してしまったのは誠に残念であったのだが、このたびご縁があって三重県名張市の長慶寺さまよりコウホネの貴重な株を分けていただけることとなった。二〇二四（令和六）年度から香藕園は五カ年の本格修理に入っており、池の水漏れ改修工事のため水をすべて抜いたりするため、心字池に植えることができるのはまだ先になるだろうが、長慶寺の平澤ご住職とは「勧学会《かんがくえ》」といって弘法大師さまの教えを学ぶ高野山の厳粛な伝統行事で知り合ったもので、まさにこのご縁はお大師さまに引き合わせていただいたものと感謝しているところである。

いきつくところ

勧学会《かんがくえ》のことがあらわれたのでそのことも書き留めておきたいとは思うが、話がそれるので少し後回しにする。

現在の中之坊庭園の景観は片桐石州《かたぎりせきしゅう》が承応年間に整えたものとされている。第百十一代天皇後西院《ごさいいん》陛下の皇女である宗栄尼《そうえい》、尊秀尼《そんしゅう》がともに中将姫《ちゅうじょうひめ》さまに深く帰依《きえ》されたことにより、陛下御一行の當麻寺行幸となり、その陛下御一行をお迎えするために庭園の整備と茶室の造営を片桐石州が請け負ったのである。

かつて二上山の竜神《りゅうじん》である二上権現は中之坊住職が別当《べっとう》職を勤めて祭祀《さいし》を続けていた。

桃山時代、この二上権現を祀る二上山山頂の社が建て替えられることになった際に普請奉行《ふしんぶぎょう》を務めたのが片桐且元《かたぎりかつもと》であった。賤ケ岳《しずがたけ》の七本槍の一人として知られる豊臣秀吉の重臣である。このことから當麻寺と片桐家ひいては豊臣家との縁が深まったといい、秀吉は當麻寺に三百石の田地を寄進し、吉野の途次《とじ》には中之坊《なかのぼう》に宿泊した。

石州は片桐且元の甥であり、片桐貞昌《かたぎりさだまさ》というが石見守《いわみのかみ》に叙《じょ》せられてから石州と通称されるようになった。千利休《せんのりきゅう》のお茶を重んじながらも小堀遠州《こぼりえんしゅう》の後継者を自任して武家らしい茶の湯を追求し〝大名の茶〟というものを確立している。

その石州が中之坊庭園で行った最も特徴的な改修が、庭園全体を内庭《うちにわ》と外庭《そとにわ》に分けその境界に腰の高さほどの低い土塀を配置したことである。塀というものは普通簡単には越えられない高さに作るものなので、書院の縁から低い土塀を眺めた場合、遠くにあるように見えるのである。遠近法による錯覚を利用し、それほど広いわけではない敷地を少しでも広々と見せようという工夫を施しているのである。

中之坊庭園はとても落ち着く場所である。石州が錯覚を利用したくなるほどにこじんまりした庭園であるが、それほど大きくない庭園だからこそかえって落ち着くような気がする。庭園の鑑賞は天気のよい日に散策するのがよいのは当然のことだが、私は心字池に小雨が落ちるのをぼんやり眺めるのが好きだ。

駄酒落《だじゃれ》ではあるが「行《い》きつくところは息《いき》つくところ」と私は思っている。日々の喧《けん》騒《そう》に心が疲れた時にはぼんやりと庭園を眺めてほっと一息ついていただければと思う。

真言方と浄土方の施餓鬼会

當麻寺には檀家はないが、當麻寺内の各僧院はそれぞれに檀信徒《だんしんと》を持つ檀家寺《だんかでら》であったりもするので八月になると當麻寺の各院も例にもれずお盆参りがあわただしくなる。特に十四日になると當麻寺参道では何人もの僧侶があちらのお宅からこちらのお宅へと行き来しているのを目にすることになる。當麻寺は真言宗、浄土宗の僧侶が同居するたいへん珍しい寺であるが、その門前町の方々《かたがた》もお盆の十四日には両方の宗派の僧侶を迎え入れて読経をいただかれる家が多い。中之坊《なかのぼう》も檀家制度をとっていないものの、ご依頼があればできるだけお参りに伺うようにしており、八月十四日も私か副住職が何軒かのお宅を訪問させていただくが、當麻寺門前町はほとんどが浄土宗のお宅であるので、浄土宗のお仏壇に向かって真言の作法でお経を上げさせていただいている。

正月の法儀のところで述べたが、ひとつのお寺をふたつの宗派で維持しているのは信州善光寺や宇治平等院などにしか例がなくたいへん珍しいことなので、そのあたりに興味を持たれる方《かた》が多く、特に「お経はどうしているのですか」というお尋ねがあとを絶たない。前述の通り、曼荼羅堂における日々の勤行や年中行事においては真言《しんごん》方《がた》のお勤めが終わったあとに浄土方《じょうどがた》がお勤めをする。曼荼羅堂以外の伽藍《がらん》諸堂では真《しん》言方《ごんがた》の僧侶しか参堂しないので、真言宗の作法か南都《なんと》仏教の古次第《こしだい》が用いられる。真《しん》言方《ごんがた》と浄土方《じょうどがた》の僧侶が一緒にお勤めをする場合は阿弥陀如来根本陀羅尼《あみだにょらいこんぽんだらに》や舎利礼《しゃりらい》を用いてお経を合わせる。

八月十五日の午後に曼荼羅堂で施餓鬼会《せがきえ》が行われる。施餓鬼会とはお盆での供養に漏れてしまった餓鬼《がき》や精霊に対して施しをし、供養する法会である。

曼荼羅堂での施餓鬼会では、まず十三時より真言方《しんごんがた》の僧侶が真言宗の作法で施餓鬼会を行う。そして真言僧の退出後、浄土方《じょうどがた》の僧侶によって浄土宗の作法での施餓鬼会がはじまる。

と同時に、曼荼羅堂を退出した真言僧はその足で弘法大師さまをお祀りする大師堂に向かい、大師堂でも施餓鬼会を行う。

したがってその時間の當麻寺は、曼荼羅堂と大師堂でそれぞれ同時に二宗派の施餓鬼会が進行しているというなかなか他の寺院ではありえない空間となっているのである。たいへんめずらしい機会であると思うので、ご興味があればその日時に合わせてご参拝され、ふたつのお堂を行き来して耳をそばだててみるのもよいのではないだろうか。當麻寺ならではの経験ができることだろう。

弘法大師授法一千二百年の法悦

當麻寺に弘法大師《こうぼうだいし》さまが来られたのは八二三（弘仁十四）年の八月と記録されている。八月といえば今は真夏の季節を思い浮かべるが、旧暦の八月なので秋のお彼岸を過ぎたあたりだったのではないかと思う。

弘法大師年譜《ねんぷ》によるとお大師さまは當麻寺に七日間（中之坊文書《なかのぼうもんじょ》によれば二十一日間）滞在して當麻曼荼羅《たいままんだら》を拝み、中之坊第十四世の實辨《じつべん》住職に真言密教《しんごんみっきょう》を授けたと記されている。この時の實辨への授法以来、當麻寺は真言密教の寺院となっていったのである。

中之坊では二〇二三（令和五）年九月十六日に、弘法大師授法一千二百年の報恩法会を勤めさせていただいた。教えを伝えてくださったお大師さまはもちろん、教えを受け継がれた實辨先師、それを伝え続けた歴代の先師たちへの報恩の気持ちを込め、お大師さまにお伝えいただいた密教の法儀を勤め感謝の気持ちを捧げた。

導師である私は中央の壇に座り密教の修法《しゅほう》を修《しゅ》す。周りの職衆《しきしゅう》は読経しながら仏さまの周りを右回りに三周めぐる「右遶三匝《うにょうさんそう》」の作法を行った。読経・聲明《しょうみょう》に包まれる中で一心に仏さまを拝みながら「あぁ、ありがたいことだなぁ」としみじみ感じられ、まさに法悦《ほうえつ》であった。

この時に私が感じた「法悦」という気持ちはおそらく同じ空間に同席された一般の方々《かたがた》とも共有できたのではないかと思う。食事は一人で食べるより大勢で食べるほうがおいしいとはよくいわれることだが、法悦も同じではないだろうか。一人でしずかに勤行に集中するのもよいものではあるが、大勢で法儀の喜びを分かち合うことでその喜びがよけいに広がるような気がする。

當麻寺ではさまざまな年中行事があるが一般の方《かた》が参加できない法要も多いので、中之坊では中将姫さまの発願日である六月十六日に準《なぞら》えて、毎月十六日には必ず十四時から一般の方々《かたがた》も参列できる法儀を勤めている。

仏教は「信じる教え」ではなく「感じる教え」であるといわれる。ぜひ実際の法儀に触れて、仏さまの教えを五感六感で感じていただければと思う。

二年連続の法縁

二〇二三（令和五）年はお大師さまのご誕生千二百五十年記念の年でもあり、當麻《たいま》寺《でら》大師堂《たいしどう》では奈良県内の高野山真言宗の僧侶が三十人ほども参集して法要が行われたほか、さまざまなご誕生記念行事が各地で行われ、高野山での誕生法会には私も金堂《こんどう》での職衆《しきしゅう》として参加させていただいた。つづいて二〇二四（令和六）年には奈良国立博物館で空海《くうかい》展が開催され、ゆかりの宝物《ほうもつ》が一堂に集められ、お大師さまの偉大さが改めて知られることとなった。

中之坊《なかのぼう》にも宝物の展示施設「霊宝殿《れいほうでん》」があり、定期的に入れ替え制で収蔵宝物を公開している。毎年、正月から節分までは「布袋尊《ほていそん》百童子屏風」や「弁財天《べんざいてん》十五童子図」など年初めにふさわしい七福神の宝物を出し、四月から五月の「ぼたんまつり」の期間は、『称讃浄土経《しょうさんじょうどきょう》』や「中将姫廿九才《ちゅうじょうひめにじゅうきゅうさい》ご真影」など中将姫《ちゅうじょうひめ》さまゆかりの宝物を一堂に公開している。六月以降から秋の展示は仏画であったり、茶道具であったり、日本画であったり、その年によってテーマを考えて企画展を行っている。中将姫さまが用いた日本最古の剃刀《かみそり》や毛髪の刺繍《ししゅう》など常設の展示以外は定期的に展示宝物が入れ替わるので、ぜひ何度も足を運んでいただきたい。二〇二四(令和六)年はお大師さまご誕生月の六月より、奈良国立博物館での空海展に合わせるかたちで弘法大師さまの御影《みえ》(肖像画)を複数掛け並べる展示を行った。

中之坊に伝わっている複数の弘法大師御影のうち最も古いものは鎌倉時代の作で「弘法大師二所明神《にしょみょうじん》」という掛軸である。お大師さまのお姿に加えて、丹生明神《にうみょうじん》と高《こう》野《や》明神《みょうじん》という高野山と真言密教の守護神が描かれている。のちの時代には丹生明神と高野明神に加えて、気比明神《けひみょうじん》と厳島明神《いつくしまみょうじん》が加わり四社明神として仰がれることとなるので、二所明神の掛軸は古い形態で珍しいものである。

掛軸は長らく掛けていると傷んでしまうので二〇二四(令和六)年当初の予定では六月から八月下旬まで弘法大師掛軸を公開して九月からは別の展示に掛け替えるつもりでいた。ところが、例年だとお盆を過ぎれば時間ができるのでゆっくり時間をかけて展示替えをするのであるが、この年はあわただしく、展示替えをする余裕が私になかった。高野山の勧学会《かんがくえ》に参席する準備に追われていたのである。

高野山は、全国から修行僧が集まって行法《ぎょうぼう》を学び実修する一大修行道場であり、私も高野山で四度加行《しどけぎょう》を成満《じょうまん》して僧侶になったのであるが、それとは別に、高野山には学問研鑽の場という顔があり、その修行の伝統を「学道《がくどう》」という。現在も高野山大学には多くの学生が集まって仏教、真言密教を学んでいるように、かつては学侶《がくりょ》と呼ばれる僧たちが、経典に書かれている仏さまの真意を深く知るために、経典や論述を研究し、問答を繰り返して研鑽を深めていたのである。「勧学会」はこの学道の一環で、かつての学僧たちが研鑽した内容と同じことを勧学院という道場でなぞり、講義の研究と問答を再現する伝統行事である。

学道衆《がくどうしゅう》に新たに加われるのは毎年十数人程度に限られており、なかなか狭き門である。新たに学道衆に加わった初年目の新人たちを新衆《しんじゅ》といい春ごろからその年に研鑽する教科書（本書《ほんじょ》・打集《たしつ》などという）が配られる。本書・打集にはかつての学侶たちが血のにじむ努力を重ねながら仏教に学びを重ねたあとが書き記されている。九月ごろに行われる勧学会までにこれらをスラスラと読み上げられるように修練しなければならない。そして八月おわりから九月おわりごろ、年によっては十月にかけて「勧学会」でそれを披露するのである。ずさんに読み上げることは尊い先師たちに対して失礼なことであるから、もってのほかであることは当然のことであるが、よどみなく読み上げるだけでもだめで、論述の意味を理解したうえで読み上げなければならない。流暢に読んでいても、意味もわからずに読んでいれば、不思議と聴いているとわかるものである。逆に、繰り返し唱えこまれて修練された講讃を聴くと、かつての高僧たちが論を闘わせたその場に居合わせたかのような感覚になるものなのである。

初年目を無事に勤めあげた新衆は翌年に二年目を勤める。この二年を勤めおわるととりあえず一区切りである。〝学道〟は高野山の住侶《じゅうりょ》は必ず履修すべき道であるが、高野山の住侶ではない山下《さんげ》の僧侶は必ず履修するものではないので、山下の者には二年を勤めて終了し、三年目に参加しないものもあるのだが、さらに法縁《ほうえん》（神仏のご縁）があれば二年目より十年以上の歳月を空け、三年目に参席する機会を得る。その場合は初年目、二年目たちの研鑽の姿を先輩として見届ける立場でその場に同席することになる。そして三年目を成満すると、学道衆としての阿闍梨《あじゃり》となり、いずれ学修灌頂《がくしゅかんじょう》という最高峰の儀式に入壇《にゅうだん》する資格を得、伝灯大阿闍梨《でんとうだいあじゃり》に昇ることになる。

法縁というものは不思議なもので、神仏がお呼びくださっていないものを無理やり押し通そうとしても不思議とよい方向に事が運ばないものであり、逆に神仏がお呼びくださっている時にはなにやらご縁が向こうから自然なかたちでやってくるものである。私はありがたいことにどうやら法縁をいただいたようで、二〇二四（令和六）年九月に勧学会の三年目に出仕することとなった。

およそ一カ月間も當麻寺を留守にし、高野山にお籠もりするのである。自坊を長く留守にするのは心配であったが、高齢の長老と若い副住職がなんとか法務を勤めてくれた。もう数年早ければ副住職も若すぎて寺を任せることはできなかったであろう。もう数年遅ければ長老も齢九十を越えることになりいつまで頼れたかわからない。このようなタイミングで勧学会三年目に加われるご縁というものが巡ってきたのである。

九月のはじめ、高野山に出立する直前にはっと気づいたことがある。

高野山は長い歴史の中で興廃《こうはい》を繰り返しているお山であるので、学道も衰退したり、復興したりを繰り返しているのだが、現在の勧学会の起源は、室町期に宥快《ゆうかい》師、長覚《ちょうがく》師という高僧が復興したものである。その復興のエピソードに次のようなものがある。

当時高野山は堕落し、学道は衰退していた。高野山をお守りする立場の明神さまはそれを嘆き、呆れて、高野山を離れてしまわれたという。宥快師、長覚師は猛省し、学びに学びを重ねて学道を復興させ、それによってふたたび明神さまをお迎えすることができたということである。

こうした逸話から、高野山の明神さまは、単に高野山の守り神というだけではなく、真言僧の、特に学道衆の守り神として仰がれている。

当初、八月下旬に掛け替えるはずであった霊宝殿の「弘法大師二所明神掛軸」。お大師さまの上に明神さまのお姿が描かれている。忙しさに取り紛れて掛軸を掛け替えることができず、そのまま高野山へ出立となったのだが、そのおかげで出立当日の朝、お大師さまと明神さまに手を合わせてから出発することができたのである。お大師さまと明神さまが高野山の学道に向かう私を見送ってくださることになったのだ。涙が出るような喜びであった。

大津皇子の魂鎮《たましず》め

『弘法大師年譜』によると、八二三（弘仁十四）年三月、嵯峨《さが》天皇が當麻寺に行幸された際、當麻曼荼羅《たいままんだら》に興味を示され、帰京後その印義《いんぎ》を弘法大師さまに尋ねられたため、大師さまはそれに応えるために八月に當麻寺に来られた、ということが記されている。つまり大師さまは當麻曼荼羅の内容を陛下に説くために當麻寺に来られたということであるが、大師さまが當麻寺に来られたのにはもうひとつ別の理由があるという推測もある。

かつて天変地異は怨霊《おんりょう》によるものだと考えられた。事実、皇位継承には古来さまざまな陰謀が渦巻き非業の死を遂げた皇族は少なくない。

大師さまは浮かばれない御魂《みたま》を供養《くよう》することの必要性を常々嵯峨天皇に説いており、陛下もそれに応えて、例えば乙訓《おとくに》寺において早良親王《さわらしんのう》を、弘福《ぐふく》寺にて伊予《いよ》親王と藤原吉子を供養していることなどが記録に残っているように、陛下が願主となりさまざまな御霊を大師さまに手厚く供養させている。八二三（弘仁十四）年といえば嵯峨天皇が弟の淳和《じゅんな》天皇に譲位する前年であり、陛下がその準備を着々と進めていたとしたならば、陛下の當麻寺行幸および大師さまの當麻寺訪問の目的は大津皇子《おおつのみこ》の供養ではないか、という推測も成り立つのである。

折口信夫《おりぐちしのぶ》の『死者の書』では、浮かばれなかった大津皇子の魂は中将姫《ちゅうじょうひめ》さまによって救われたことが描かれているが、実際にはその役目は弘法大師が果たしたということか。

私が小学校低学年の頃、當麻寺境内が濁流で川のようになった豪雨災害があった。一九八三（昭和五十八）年、それに対する防災工事が行われ、偶然その時に當麻寺から二上山への登山道の途中に発見されたのが鳥谷口《とりたにぐち》古墳と呼ばれる小さな方墳である。古い石材を寄せ集めた粗末な墓で、これが大津皇子が葬られた当初の墓ではないかと話題をよんだ。

中之坊《なかのぼう》住職は二上権現の別当職を勤めていたのであるから、實辨《じっぺん》以降ののちの住職の誰かがお大師さまや實辨師の想いを受け継いで、二上山麓の粗末な墓から二上山の山頂に改葬し、ひきつづき懇《ねんご》ろに供養されたのであろう。

二上山は日の沈む山であり、その麓の當麻は古《いにしえ》より死者を弔う場所であった。

私はこの當麻の僧として、代々この地に御魂の救済を念じてきた人々の思いを受け継いでいかねばならないと思う。當麻寺中之坊には檀信徒ではないさまざまな方《かた》がご先祖さまの供養に足を運んでこられる。また近年では遠くお参りにいけないお墓を整理して当山の永代供養墓に改葬される方《かた》も増えている。そうした方々《かたがた》の想いを受け止め、一切萬霊《いっさいばんれい》の菩提《ぼだい》をお祈りさせていただくことが、當麻という地にいる僧の勤めであろうと改めて感じている。

称讃浄土経のお写経

『称讃浄土経《しょうさんじょうどきょう》』一千巻をお写経された中将姫《ちゅうじょうひめ》さまが、夕日の沈んでいく西の空に極楽浄土を観じたのは秋のお彼岸とされていて、中将姫和讃にも「十六歳の秋彼岸」とうたわれている。折口信夫の『死者の書』では春、秋のお彼岸ともに俤《おもかげ》を見るが次の春彼岸に雨が降って夕日が見えなかったため、俤人《おもかげびと》を求めて都を出る。つまり春彼岸に都を出て當麻寺に入山しその年の夏には曼荼羅が織り上がることになっているが、當麻寺での伝承では中将姫さまは十六歳で當麻寺を訪れ十七歳で尼僧となり曼荼羅を織ったと伝えているので、十六歳の秋のお彼岸に都を出て當麻寺に入門し中之坊道場でのおよそ十カ月の修行を経て翌年六月に正式に尼僧となり曼荼羅を感得されたということになる。

『称讃浄土経』というお経は、光明皇后の供養のために一斉書写された記録が残るように奈良時代には亡者《もうじゃ》の供養のためなどを目的に積極的に書写されたようで、中将姫さまも心を込めて書き写されたことだろう。中之坊に残されている中将姫さまが書かれた『称讃浄土経』は〝中将姫願経《ちゅうじょうひめがんきょう》〟と呼び習わされていて、霊宝殿《れいほうでん》で年に一カ月ほど特別公開しているほか、レプリカは通年公開しているので、ぜひ中将姫さまの筆跡を実際にご覧いただきたい。きれいに丁寧に書かれているのはもちろんであるが、堂々とした力強さを感じさせ、私は姫さまの意志の強さが感じられるような気がするのだが皆さまはどのように感じるだろうか。

中之坊の写仏道場では、この姫さまの筆跡をそのままなぞるお写経ができる。体験されている方《かた》のお話を聞いてみると、なんだか姫さまの気持ちが伝わるような気がするとか、姫さまと対話をしているような感覚になる、とおっしゃる方《かた》も少なくない。『称讃浄土経』は一巻およそ五メートル二五八行におよぶ経典なので、一度に書き写すことはできず、一回約十七行ずつに分けて全十五回でお写経を完成していただけるように編集している。つまり完成までには十五回通っていただかないといけないわけだが、だからこそ回を追うごとに姫さまの文字に感じるところが深くなっていくようなのである。

ただただ無心に筆を運ぶだけでも写経は意味があるのだが、中将姫願経のお写経は、姫さまはこんな思いで書いていたのだろうかという想像や、奈良時代の方々《かたがた》はこういう文字を使っていたのかという発見も楽しめるお写経であり、通常のお写経とは一味違った体験ができることと思うので、ぜひ気軽にはじめていただければと思う。

『當麻寺中之坊　称讃浄土経を読み解く』

『称讃浄土経』のお写経をはじめた当初は十五回も通わないと完成しないようなお写経をしようという方《かた》などまずおられないだろうと思っていたのだが、思いのほか多くの方《かた》に参加していただき、すでにかなりの方《かた》が十五回を完成され、中には二巡目、三巡目と回数を重ねる方《かた》もおられる。千巻も写経された中将姫《ちゅうじょうひめ》さまと重ね合わせながら、季節ごとに違う景色やお花を楽しみに通われているようで、なんともありがたいことである。

こうしたお写経に通われている方々《かたがた》の中から「お経に書かれている内容を教えてほしい」というお声を少なからず頂戴した。たしかにお経の内容を知ったうえでお写経すれば、より気持ちがこもるのは間違いないことであろう。しかも『称讃浄土経』の前半は、極楽世界の美しさ素晴らしさがありありと述べられている。極楽世界には池があり蓮の花が咲いているとか、さまざまな鳥が飛んでいて雅な声を出しているとか、美しい音楽が絶えず流れているとか。そうしたことがお写経をしながらありありと心に浮かんでいただけるように、このほど本書とは別に『當麻寺中之坊　称讃浄土経を読み解く』（西日本出版社）という本を執筆させていただいた。『称讃浄土経』のお写経をされている方《かた》はもちろんのこと、お写経をされていない方《かた》にも興味を持っていただける内容になったと思っているのでぜひ手に取って読んでいただきたい。

なにぶん私は学者ではないので詳しい学術研究などはわからないが、中将姫さまが書かれた本文の内容をそのままに読み下し、そこに書かれていると思われることを素直に書かせていただいたつもりである。経典の解説本はえてして独自研究や自身の思いが濃くなりすぎるきらいがあるので、できる限り原書に忠実に読み解いていくことを心掛けたつもりであるが、どうしても僧侶として、「この経典からこういうことを感じ取ってほしい」ということは自ずと含まれてしまっていると思うので、そのあたりはどうかお許しいただきたい。

『當麻寺中之坊　称讃浄土経を読み解く』では、本の付録として、『称讃浄土経』の全二百五十八行の本文のうち、極楽世界でさまざまな鳥たちが歌う箇所の十四行分を写経用紙にしてつけているので、お写経を未経験の方《かた》にはまずこの十四行の写経を体験していただきたい。そしてその十四行のお写経で、何か少しでも感じるところがあったなら、実際に當麻寺中之坊に足を運び、全十五回のお写経に挑戦していただければと思う。

本書でも何度か書いているように、仏教は体感する教えであると思うので、お経の内容を知ることや、お写経を体験することなどによって、ぜひ仏さまを身近に感じていただければありがたいことである。

観無量寿経のお写経

『称讃浄土経』とともにもうひとつ他所《よそ》では体験できない写経が當麻寺中之坊《たいまでらなかのぼう》にはある。當麻曼荼羅《たいままんだら》に書かれた銘文《めいぶん》を書き写す写経である。

銘文を書き写すことを「写経」と呼べるのかと疑問に思われるかもしれないが、當麻曼荼羅に書かれる銘文は『観無量寿経《かんむりょうじゅきょう》』という経典を要約したものなので、立派に「写経」と呼んでよいものである。もっとも、近年では「南無大師遍照金剛《なむだいしへんじょうこんごう》」というご宝号《ほうごう》や「南無阿弥陀仏《なむあみだぶつ》」というお念仏などを書き写すことも写経と呼んでいるようなので、そんな細かいことを気にする人もいないかもしれない。

『観無量寿経』は『称讃浄土経』と並んで中将姫《ちゅうじょうひめ》さまが特に大切にされた経典であり、そこに説かれる内容を目に見えるかたちであらわしたのが當麻曼荼羅である。

當麻曼荼羅の中央には極楽浄土の光景が描かれているのであるが、その周囲には、『観無量寿経』に説かれる内容がコマ割りで描かれている。映画のフィルムのようでもあり、紙芝居のようでもある。そして各コマの両脇には銘文が添えられている。その場面ごとに合致する経典の内容が文章で書かれているので、現代のマンガや絵本のようなものであろう。

當麻曼荼羅の下の部分には九つの枠が横長に配置されており、臨終《りんじゅう》の際に仏さまがお迎えにあらわれて極楽浄土へ連れて行ってくれる様子が描かれている。

當麻曼荼羅の左端の縦長の枠（右縁《うえん》）は、経典の序章の部分であり、お釈迦《しゃか》さま在世の時代、王舎城《おうしゃじょう》で起こった王の交代劇、それに伴う王妃の苦しみとお釈迦さまがその苦しみを解放される様子が語られる。

當麻曼荼羅の右端の縦長の枠（左縁《さえん》）は、お釈迦さまの説法の中心部分であり、心の中に極楽浄土の様子を想い浮かべ、阿弥陀さまや観音さまを想い、一心に念じる方法が語られる。この箇所が當麻曼荼羅で最も大切なところであり、ここが『観無量寿経』というお経のタイトルと合致している箇所である。「無量寿」とは阿弥陀如来さまのことであり、「観」とは心の目で見るということである。つまり『観無量寿経』とは阿弥陀さまや極楽世界のさまを心に思い浮かべる瞑想の行であり、當麻曼荼羅左縁ではその瞑想のやり方が十三のコマで図示されているのである。これを「観想念《かんそうねん》仏《ぶつ》」という。

『観無量寿経』は四百四十行を超える経巻なのでとても写経体験をしてもらえるような量ではない。『称讃浄土経』も写経するには長い経典だが十五分割することによって皆さんに十五回写経に通っていただく方法を採用し、多くの方《かた》に楽しんでいただいている。しかし、『観無量寿経』は同じ方法を採用しても三十回近い回数となってしまう。（まぁ、『称讃浄土経』の写経も全十五回を終えてからまた第一回に戻って写経をし何巡も通う方《かた》が少なくないので、全三十回でも挑戦する方《かた》はありそうだが…）

しかし、この要約された銘文は約一五〇〇文字、写経用紙の枚数では全八回（『観無量寿経』の要約文が六回、當麻曼荼羅織成《しょくせい》の経緯《いきさつ》を書いた織付縁起文《おりつけえんぎもん》が二回）で完成する。なんとありがたいことであろう。

しかも、當麻寺中之坊では、床の間に掛けられた當麻曼荼羅を目の前にしてこの写経をすることができる。曼荼羅の前に座って仏さまを心に思い浮かべて筆を運ぶ写経の行は、自然と『観無量寿経』に説かれる観想念仏になっているのかもしれない。

長いお経の内容を簡潔に文章にまとめていただき當麻曼荼羅にあらわしてくださった中将姫さまに感謝である。

百五十枚の天井画

飛鳥時代や奈良時代前半には寺の僧は伽藍《がらん》の仏堂に寄宿《きしゅく》していたが、奈良時代後半ごろからだんだんと僧房《そうぼう》というものがうまれていく。當麻寺では實雅《じつが》が中院《ちゅういん》（現・中《なか》之坊《のぼう》）を僧房として以降、寺僧はだんだんとそれぞれの僧院を構えて宿するようになり、平安時代には四十房以上の僧院があったと記録されている。現在、お写経や写仏をしていただいている客殿「松室院《まつむろいん》」は、もともとは中之坊のとなりの僧院であり、ご本尊としてお祀りされている十一面観音さまの年代からわかるように、平安時代から存在したようである。

現在の松室院は、一九二九（昭和四）年から一九三〇（昭和五）年にかけて實照《じっしょう》師が改築した建物で、数寄屋《すきや》建築に造詣のあった川上邦基氏と古代建築に精通した大《おお》岡實《おかみのる》氏の設計になり、軽快さと雄大さを併せ持った近代和風建築として国の登録有形文化財に指定されている。

この建物の格天井《ごうてんじょう》（格子天井《こうし》）が、前田青邨《まえだせいそん》画伯をはじめとする錚々《そうそう》たる画家たちが天井絵を寄進した絵天井であることは先に述べたが、全五部屋のうち三部屋が格天井となっていて、ゆかりの画家たちが一人一枚ずつ絵を奉納してくださるたびに天井にはめこんでいき少しずつ作品が増えていったものである。格子枠の数は九十五枠で、絵はすべて画家さん方《がた》からのご寄進であったため三部屋九十五枠すべてに天井画が埋まるまで約半世紀かかり、その間に住職も代替わりし、實照からはじまった天井画を完成させたのは實秀《じっしゅう》であった。

この松室院の建物がなんだか歪《ひず》んできたように感じはじめたのは一九九八（平成十）年を過ぎた頃だっただろうか。床の一部が沈み、改修工事が必要ということになった。当時副住職だった私はこの改修の機会に残りの二部屋の天井も格天井に改め、あらたにゆかりの画家さん方《がた》に声をかけ天井画を募ることを思い立った。「昭和の天井絵」が完成までに半世紀かかったので、とりあえず天井を格子にしておいて、「平成の天井絵」もご賛同いただける方々《かたがた》のご寄進を待ってゆっくりと埋まっていけばよいかなぁというくらいに考えていた。ところが、何人かの画家さんに声をおかけしたところ、思いのほか皆さま方《がた》にご賛同いただいた。「絵を無償で寄進してほしい」というようなあつかましい依頼は画家の先生方《がた》の気分を害するかと心配したが、ことに、師匠・矢野橋村《きょうそん》の絵がある直原玉青《じきはらぎょくせい》氏、父・中島清之《きよし》の絵がある中島千波《ちなみ》氏などは師弟二代、親子二代で参加できることに喜んでいただき、さらにお仲間にも声をかけてくださった。

ご縁は意外なところにも広がり、俳優の片岡鶴太郎さんも墨彩画を寄進してくださっている。

昭和の天井画では上村松園《うえむらしょうえん》さんが奉納の約束をされていたことが残された葉書からうかがえるのだが、その約束は果たされないままに終わった。しかし平成の天井絵では孫の上村淳之《うえむらあつし》氏が参加され、かつて果たされなかった約束が世代を超えて実現されたと考えると誠に感慨深い。

こうしてご寄進の輪が広がったことにより、新しく作った二部屋三十五枠はすぐに埋まり、仏間と玄関先にも十枠ずつ計二十枠の格子を拡張することになった。嬉しい悲鳴である。

二〇〇四（平成十六）年十月、昭和の九十五枠と合わせて総数百五十枠となった格天井は見事な作品群で埋め尽くされ、完成法会が勤められた。ご縁の広がりに感謝しかない。

写仏道場に

客殿「松室院《まつむろいん》」は四年に一度の秋十一月後半に特別公開しており、平安期の十一面観音立像、入江正巳《いりえまさみ》氏の「二十五菩薩来迎図」、「平成當麻曼荼羅」、そして百五十枚の壮麗な天井画が拝観できる機会となる。天井画は二〇〇四（平成十六）年の完成法会以降も奉納が続き、二〇一四（平成二十六）年にはアフレスコ画の巨匠・絹谷幸二《きぬたにこうじ》画伯が「日月蒼天蓮華《にちげつそうてんれんげ》」、二〇二二（令和四）年には村上裕二《むらかみゆうじ》画伯が「富士《ふじ》の雷音《ライオン》」を寄進し、そうそうたる顔ぶれの豪華な絵天井になっている。

四年に一度の松室院の特別公開は多くの方《かた》に喜んでいただいている人気の行事であるが、なぜ四年に一度のたった半月しか公開しないのかといえば、この場所はふだん、お写経または写仏をされる方《かた》のために開放している「写仏道場」だからである。静かに写経や写仏に集中していただくため、それ以外の方《かた》は中に入ることをご遠慮いただいているのである。しかし逆にいえば、お写経または写仏をされる方《かた》はいつでもこの道場に入り、「平成當麻曼荼羅」を目の前にし、美しい絵天井の下で筆を運ぶことができるということである。

沈んだ床の修復など松室院の改修が終わった二〇〇四（平成十六）年、これまで大きな法要の時にしか使われていなかったこの客殿をもっと有効利用したいと私は考えた。まず思いついたのはこの場所を写経場にすることだった。以前より中将姫《ちゅうじょうひめ》さまを慕ってここでお写経をしたいという方《かた》が何人かあったからである。その場合は都度空いている部屋をお貸しすることで対応していたので、常時お写経ができる場所があればよいのではないかと思ったのだ。

　そう考えた時、私の脳裏に浮かんだのは、『死者の書』で夕陽に浮かんだ俤人《おもかげびと》を筆で描こうとした藤原郎女《ふじわらのいらつめ》の姿だった。そうか、中将姫さまはお写経の末に曼荼羅を織り、仏さまの姿を目に見えるかたちで私たちに示してくださったのだから、そのみほとけのお姿をそのまま描き写せばよいのだ。なんとなく仏さまあるいは中将姫さまにそうお示しいただいたように感じたのである。

こうして私は當麻曼荼羅をもとにした写仏をはじめることを思い立ち、それから約半年かけて写仏用紙を制作し、二〇〇五（平成十七）年五月三十一日から写仏をスタートさせたのであった。

当初は當麻曼荼羅の中央に描かれる阿弥陀如来《あみだにょらい》さま、観音菩薩《かんのんぼさつ》さま、勢至菩薩《せいしぼさつ》さまの三種からはじまった當麻寺中之坊の写仏であったが、多くの方《かた》にご参加いただくようになり、「導き《みちび》観音《かんのん》さまを描きたい」「中将姫さまの用紙も作って！」などとご要望もいただき、しだいに写仏用紙の種類も増えていった。どなたでも気軽に参加していただくためには複雑な線は描きやすく簡略化しなければならないが、あまりにデフォルメしすぎてイラストのようになってはいけないので、その用紙に向かって筆を運べば仏さまと対話しているような気持ちになっていただけるような、描きやすく、かつ、みほとけの威厳を感じられるようなものにさせていただいたつもりである。

その後、中将姫さまの書かれた『称讃浄土経』、當麻曼荼羅に書かれる『観無量寿経』銘文もお写経できるようにととのえ、現在では写仏と写経合わせて十種以上から選んで体験いただけるようになっている。頭上に絵天井、目の前に當麻曼荼羅という環境で、中将姫さまを想いながらぜひ筆を運んでいただければと思う。

いつまでも完成しない絵

二〇二二（令和四）年に天井画「富士の雷音」をご奉納された日本画家・村上裕二画伯は同時進行で壮大な障壁画《しょうへきが》の制作に取り掛かっておられた。襖にして三十三面分の大作「龍游図《りゅうゆうず》」である。

この原稿を書いている現在、制作はまだ進行中である。

現時点で決まっていることは二〇二五（令和七）年一月後半に第一期奉納として襖にして十七面分の障壁画が初披露、そしてそののちに襖八枚の両面で十六面が付け加えられ夏か秋に奉納と公開を見込むスケジュールとなっている。なので、本書を読んでいただいている皆さまはもう第一期の十七面、あるいはすでに全三十三面の作品を目にしているのかもしれない。予定通りに進んだのか進んでいないのか、今これを書いている私よりも、読者の皆さまのほうがよくわかっているわけだ。

村上裕二画伯とお会いしたのは二〇一九（令和元）年の冬、その前年にとある知人より村上画伯の話をお聞きしお会いすることになったのだが、ずいぶん気さくな方《かた》であったので話が思いのほか噛み合ってしまい、あれよあれよという間にその翌年には三十面を越える障壁画をご奉納いただける話がまとまってしまった。日本美術院の同人であり、日本画壇の第一線で活躍する画伯に大作を奉納いただける話がこんなに簡単に決まってよいのかと、たいへんありがたく光栄なことであった。

題材は、私がいろいろとお寺の歴史をお話しした中で、本書の27ページや40ページのところで触れたような竜神のエピソードが村上画伯の琴線《きんせん》に触れたようで、三輪山《みわやま》を頭に、二上山《ふたかみやま》を尾にした巨大な龍を十六メートル以上の大パノラマで描くことになった。これが第一期奉納の襖十七面分の障壁画である。

奉納場所は八畳の部屋が横並びに三間《ま》続きになっている部屋であり、その三部屋の仕切りとして可動式の襖が四枚ずつ計八枚ある。その八枚の裏表十六面に、龍の爪や雷鳴などを加えて、巨龍が大きな円を描くように横たわるようなイメージを感じられる、動きのある作品にしたいとのことであった。

加えて、巨龍の傍らには、役行者《えんのぎょうじゃ》さまと、弘法大師《こうぼうだいし》空海《くうかい》さまを描き添えることで、飛鳥時代に當麻寺に竜神を勧請した役行者、平安時代に當麻の地に来て密教を伝えた弘法大師という、歴史性、物語性を加えた壮大な作品となっている。

作品名は「龍游図《りゅうゆうず》」。僭越《せんえつ》ながら私が命名させていただいた。そしてこの「龍游図」裏面には、一般の方《かた》の目に触れることはないが奥書《おくがき》が書かれている。作者の村上裕二画伯のお名前はもちろん、画伯を寺に引き合わせてくれた知人や画廊、そして作品の表装や設置をしてくださった業者の方《かた》、そして私の名前などが村上画伯の文字で書かれている。いわば映画のエンドロールのようなものである。そして当然そこには日付が書かれてるのであるが、本来であれば「令和七年○月」などと書かれるのが当然であろう。当初、村上画伯もそう書き入れるつもりであったようだが、しかし思い直し、「2020〜」と記された。

これについての村上画伯の意図は次のようなものである。

作品は完成してしまうとあとは劣化するだけである。いくら博物館・美術館のように温度・湿度・紫外線を管理したところで、完全に劣化を止めることは不可能であるし、しかもこの「龍游図」が納まる部屋は、現在も仏像彫刻教室や尺八教室など多目的に使用されている場所であるから、絵の保護のために部屋を使用禁止にするのは本末転倒である。むしろこの部屋は積極的に使っていただき、「龍游図」はこの寺の新たな歴史としてともに歩んでいただきたい。仏像が毎日灯される燈明《とうみょう》の煤《すす》や線香の煙で少しずつ黒ずんでいくのもまたひとつの風合いであり、歴史の積み重ねであるように、この絵も時代とともに色合いが変わったり、部屋の使用によって多少の傷みが生じたりすることも歴史の積み重ねであろう。奉納年を基準としてしまうとあとの変化は「劣化」となってしまうが、構想をはじめた起点の年を記すことで、あとの変化を「進化」と捉えたい。

「龍游図」は今後も完成することはなく、この寺の歴史とともに歩み、進化を続けていくのである。

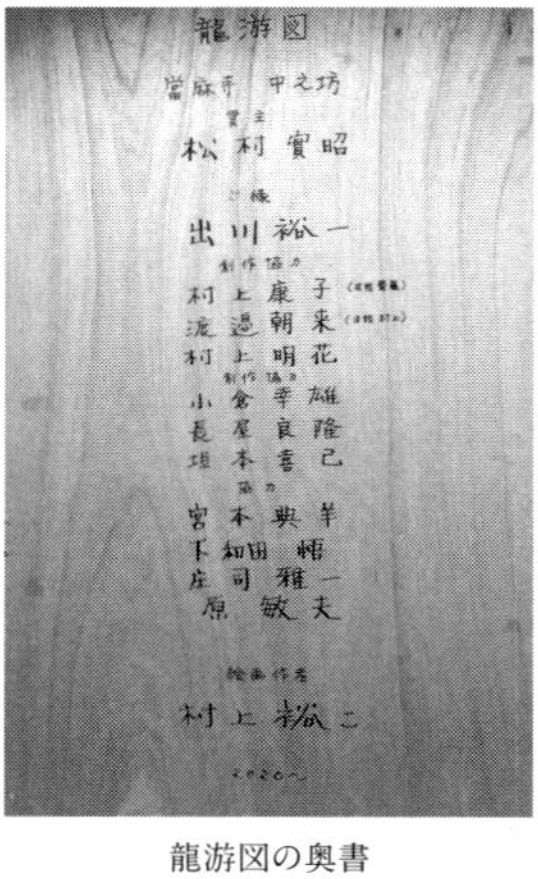

龍游図の奥書

過去から現在、そして未来へ

前述の通り「龍游図《りゅうゆうず》」には役行者《えんのぎょうじゃ》さまと弘法大師空海《こうぼうだいしくうかい》さまという二人の人物が描かれている。

村上裕二画伯は「龍游図」を描くにあたって、作品に物語性を持たせたいということで、人物を二人くらい描きたいとご相談された。まず、役行者は竜神を勧請《かんじょう》した方《かた》であるからすぐに決まった。もう一人について、当初、村上画伯の頭にあったのは意外な人物であった。

「ご住職を描いてもいいですか?」

……私である。

あまりに恐れ多い提案に、私はびっくりしてもちろん即座にお断りをした。

とはいえ村上画伯の提案も理解はできる。當麻寺のはじまりを象徴する存在である役行者と、この作品が描かれた時代の住職である私との対比は、過去から現在そして未来へつながっていく寺の歴史を象徴するものとしてなかなか興味深い並びではあるだろう。

ただやはり、私ごときが役行者さまとは釣り合わないし、あまりに恐縮であるので丁重にお断りし、「お大師さまはどうでしょうか?」と提案した。當麻寺のはじまりである飛鳥時代の役行者に対し、奈良時代を経て、平安時代に密教を伝えた弘法大師さまを配することで、時代がつながれてきたことをあらわすことができるであろうし、実際にお大師さまも竜神を勧請した伝承があるので、竜を呼んだことのない私なんぞよりはよほどふさわしいであろうと考えたからである。

この提案を村上画伯はご納得くださり、弘法大師さまを描いていただくことになったのであった。

さて、本書の執筆時点では襖十二面分の巨龍の絵はほぼ完成しており、二〇二四（令和六）年の七月にあべのハルカスにて先行公開されている。村上画伯の力強い筆致《ひっち》で描かれた大迫力の竜神の姿に、観覧者は一様に驚嘆の声をあげたのであった。

その中で。一部で話題の的となったのは弘法大師さまの姿である。「龍游図」でのお大師さまは、錫杖《しゃくじょう》を手にし、金剛杵《こんごうしょ》に先導される姿で、八二三（弘仁十四）年秋にお大師さまが當麻の地を訪れたことが表現されている。問題はそのシルエットである。通常、お大師さまの肖像画は、どちらかといえば逞しい体格で描かれているのではないだろうか。それと比べれば本作のお大師さまはちょっとほっそりしているような……。

そしてなんといっても長い首である。こんな長い首のお大師さまはあまり見たことがない。私をご存じの方《かた》は皆思うはずである。これは私、松村實昭《じっしょう》のシルエットではないかと！

会場に足を運んだ知り合いたちからは口々に、

「これ貫主《かんす》さんですやん」

「實昭《じっしょう》さん雲に乗ってますね～（笑）」

とからかわれた。

「やられた！」と思い、村上画伯に問いただすと、画伯は、あくまでもこの絵はお大師さまであり自然と松村實昭に似てしまっただけであるとした上で、ニヤニヤしながらこうおっしゃった。

「だって、ご住職とは何度かこうして顔を合わせてますけど、空海さんとは会ったことないですからね～」

まぁ、たまたま似てしまったということであれば仕方がない、というかなんとも光栄なことである。そして、このシルエットにこそ飛鳥時代からはじまり平安時代を経て令和を通過したことが密かに込められていると解釈してもよいのかもしれない。「龍游図」をご覧になる機会があれば、そのようなエピソードも思い出しながらご覧いただければと思う。

はじまりは聖徳太子さま

役行者《えんのぎょうじゃ》さまは當麻の土地を開いた方《かた》であり、當麻寺遷造《せんぞう》の際には土地を寄進し、當麻寺金堂が完成し弥勒《みろく》さまがお祀りされた際には修法《しゅほう》をしてご本尊を供養し、竜神《りゅうじん》を勧請《かんじょう》して中之坊の基礎を築いた。「龍游図《りゅうゆうず》」では當麻寺のはじまりの象徴としてこの役行者さまと竜神が描かれている。

いっぽう村上裕二画伯はもう一人のはじまりの人物についても創作を進められている。本書を執筆している段階ではまだ構想の段階であるが、早ければ二〇二五（令和七）年秋にお披露目できる可能性も出ているので、こちらもすでに読者の目にするところかもしれない。

當麻寺にはその前身《ぜんしん》の寺として萬法蔵院《まんぽうぞういん》という寺があったと伝わっている。用明天皇の第三皇子である麻呂子親王《まろこしんのう》が河内《かわち》の地に創建《そうけん》した寺であり、その寺を現在地に移したのが當麻寺であるという。つまり萬法蔵院こそが當麻寺の起源ということになるのであるが、この萬法蔵院の創建を麻呂子親王に勧《すす》めたのが、その兄君《あにぎみ》である聖徳太子さまである。

重要文化財「當麻寺縁起絵巻」には、萬法蔵院が創建された際に、聖徳太子さまが牛車《ぎっしゃ》に乗って参詣《さんけい》されるさまが描かれており、當麻寺では麻呂子親王とともに、當麻寺の祖として信仰されてきたのである。

「龍游図」が納められる場所は、中之坊《なかのぼう》と松室院《まつむろいん》を繋ぐ二階建ての建物の一階部分にある八畳の部屋が三間続く場所である。そしてその建物の二階部分は三十六畳の広間になっており、聖徳太子さまの御像がお祀りされて「太子殿《たいしでん》」と呼ばれている。

「太子殿」にお祀りされている聖徳太子像は珍しい七才像で、鎌倉時代の木像である。腰に裙《くん》（腰衣《こしごろも》）をつけた上半身裸の像で、少しお腹の出た姿で七才のこどもらしさを表現する一方で、お顔は理知的な大人の顔をして太子の聡明《そうめい》さをあらわしている。もとは法隆寺北室院《きたむろいん》に安置され、御愛太子《おんあいたいし》と呼ばれて親しまれていた像であったが、安政年間に當麻寺中之坊に移された。篤《あつ》く聖徳太子を信仰していた當麻寺の光實《こうじつ》阿闍梨《あじゃり》（中之坊第五十一世）が由緒のある太子像をお迎えしたいと望んでいたところ、当時の法隆寺北室院の住職法倫僧正《ほうりんそうじょう》が伝え聞き、その志に打たれて當麻寺中之坊に像を譲ったということである。

その時の経緯《いきさつ》を法倫僧正自らが記した『御愛太子附属緒由記《おんあいたいしふぞくちょゆうき》』には次のようにある。

「於戯盛哉。光實阿闍梨帰命法皇而興願既已如是。雖法倫未得一面識、何為違背懇志乎（あぁ、光實阿闍梨が聖徳法皇さまを信仰して願をおこすこと、なんと熱心なことだろうか。この法倫はいまだ光實阿闍梨とはお会いしたことはないが、どうしてその尊い志を無下《むげ》にすることができるだろうか）」

こうして中之坊に移って来られた御愛太子像は、いま太子殿の仏間で大切にお祀りされている。この仏間に襖が四枚あり、そのすぐ右隣りの出入り口に襖が二枚ある。

村上裕二画伯はこの六面の襖にも絵を揮毫《きごう》しようということになったのである。

本書の出版時点ではまだどのような絵になるのかはわからないのだが、聖徳太子さまにふさわしい絵を描かれるはずなので、大いに期待している。予想としては黒駒《くろこま》に跨《またが》った厩戸皇子《うまやどのみこ》が霊峰《れいほう》富士を駆けるさまになるのではないかと私は踏んでいるが、果たしてどうなるか。

二階と一階の障壁画で、聖徳太子さま、役行者さま、弘法大師さまと、教えが脈々と引き継がれるさまが表現されるのはなんとも感慨深いものである。

ふたつの三重塔

中之坊庭園「香藕園《こうぐうえん》」が最も華やぐ季節は春であるかもしれないが、最も落ち着くのは晩秋であろうと思う。十一月後半の紅葉の頃やそこから木々が葉を落とした閑《のど》かな冬枯れの庭園を眺めていると、自ずと心も静かになっていくというものである。初夏から初秋にかけて極楽の蓮池を思わせてくれた睡蓮も晩秋になると葉を水中に隠していくので、あらわれた水面に三重塔《さんじゅうのとう》の塔影が映りなんとも美しい。

香藕園の背後にそびえるこの三重塔は奈良時代の建造で、當麻寺に現存する最も古い建造物である。上の階層に行くほど幅が狭くなっていく大胆な造りをしていて、たいへん凛々しい姿の塔である。よく「塔の中には仏さまは祀られていますか?」というご質問があるが、塔はお堂ではなく建物自体がご仏身であるので、確かに中には大日如来《だいにちにょらい》さまがお祀りされているのだがあくまで胎内仏《たいないほとけ》というべきものである。

香藕園から仰ぐ三重塔の姿は凛としてまことに威厳があり、まさに仏さまそのものとして私たちを見守っているような安心感を与えてくださっている。

當麻寺にはもう一基の三重塔があり、中之坊の背後にあるのが東塔《とうとう》、曼荼羅堂の左後ろにあるのが西塔《さいとう》である。西塔は東塔より少し遅れて平安時代のはじめに建てられたようだが、いずれにせよ古代の双塔が東西両方とも揃って残っているのは全国でここ當麻寺だけである。古い文献や昭和中ごろ発行のガイドブックなどには香藕園は双塔を眺められる庭園であることが記されており、園内の茶室も「双塔庵《そうとうあん》」と名がついているが、現在はあいだの二階建て建造物に遮られて西塔は見えなくなっている。

その西塔であるが近年の修理で新たな発見があった。塔は建物自体がご仏身であるがゆえに建物内に舎利《しゃり》（お釈迦様のご遺骨、またはそれに擬した宝玉類）を納めるのであるが、當麻寺の場合はふたつの塔のうち西塔にそれが納められている。百年前の調査でそのことはすでにわかっていたのであるが、今回の調査でその舎利を収める容器が當麻寺創建時の白鳳《はくほう》時代のものであることがわかったのだ。

現在の西塔は平安時代初期の建物であるが、以前の調査でも西塔の基壇《きだん》の石と心《しん》柱《ばしら》の底面の形状が合致しないことがわかっており、現在の建物以前に前身の建物があったのではないか、あるいは建てようとしていたのではないか、という推測があったのである。そして今回の調査で確定した舎利容器の年代から考えてもやはり當麻寺創建当初は西塔から先に建立しようとしていたのではないかということが有力視されるようになった。

舎利容器の中にはその時代に納入された納入品だけでなく、平安時代、鎌倉時代、江戸時代、そして一九一四（大正三）年と大修理をするたびに各時代の納入品が納められていた。それらは舎利に見立てた宝玉だけでなく、経典や文書、その時代に流通していた貨幣などが封入されており、それぞれの時代に生きた人々の息遣いが伝わってくるようだ。

そのうち鎌倉時代に納入されたものの中に六角形の小さな水晶製五輪塔があり、その五輪塔の内部に舎利に見立てた小さな小さな黒い粒が入っていた。舎利に見立てる宝玉はたいていきれいな水晶や宝石だが、たいしてきれいでもない黒い粒が納められていてこれはいったい何だと首を傾げることとなった。詳しい調査はできなかったが、簡単な分析などもしてみて推測した結果、ひょっとしてダラニスケではないか、という意見が。もしそうであれば現存最古の陀羅尼助ということになる。舐めてみればわかるのだがそういうわけにもいかないのでさらに数百年後の方《かた》に詳しい調査を願おう。

各時代の納入品がそれぞれ納められていることによって、歴史的な建造物は数百年ごとに大修理を重ねながら受け継がれてきていることが改《あらた》めて認識される。古い建物や仏像などは創建年代ばかり注目されるのであるが、どれだけ立派な建造物や彫像であっても各時代に守り伝える人々がいなければ千数百年も残ることはない。それぞれの時代には優れた技術もさることながら、ご浄財の勧進をはじめとするさまざまな苦労があったはずであり、きっと想像以上に多くの方々《かたがた》の力添えでなんとか乗り越えてきたに違いない。

このたびの西塔の修理には平成の硬貨などを用意し、私を含め四住職の署名をして納入した。貴重な塔をとりあえず次代につなぐことができてホッとしている。

ともあれ、當麻寺のふたつの三重塔は、建築年代に少しズレがあるため、建築様式に細かい違いがある。遠くから見てもわかる違いが結構あるので、間違い探しのように見比べて楽しんでいただきたい。

愛でられて　末のはかなし

當麻寺には中之坊《なかのぼう》の香藕園《こうぐうえん》に次いで、江戸時代後期の庭園が真言宗の塔頭《たっちゅう》西南院にある。浄土宗の奥院には古い庭園はないが平成にはいって整えられた庭園があり、いずれも美しく紅葉が色づき、當麻寺の晩秋は紅葉の名所となる。各院ともこの時期に秋の特別公開を行うことが多く、西南院は重要文化財の三観音立像、奥院も同じく重要文化財の大方丈などを十一月後半に公開することが恒例である。中之坊も年によって重要文化財の書院を公開したり霊宝殿で通常非公開の文化財を開帳したり、春に次いで當麻寺がにぎわう季節でもある。

そして一九三六（昭和十一）年から続く名物行事が十一月十六日の茶筌供養会《ちゃせんくようえ》である。

中之坊の庭園が片桐石州《かたぎりせきしゅう》の整備であることは先に述べたが、〝大名の茶〟というものを確立し風流大名として知られた石州はこの庭園改修の際にかなり特徴的な茶室を造営している。

この茶室は「丸窓席《まるまど》」という名がついており、その名の通り、中を覗きこんでまず目につくのは直径が両手を広げたほどもある大きな円窓《えんそう》である。お茶室の顔といえば通常は〝床の間〟であろうが、この茶室は床の間は申し訳程度に小さく作られており、そのかわりに方一間《ほういっけん》もの巨大な円窓が設置されているのである。昭和初期ごろの書籍を参照すると、〝本邦最大の圓窓〟などと表現されており、昔から評判であったようだ。また、石州はこの茶室に竹を多く用いている。千利休は〝竹は寂《さ》びているようで寂びておらず目利《めき》かずがつかうもの〟という趣旨のことを述べたと聞いているから、石州がかなり独創的なお茶室を目指したことが想像できる。

茶室「丸窓席」は茶の湯の世界では広く知られ、古くから多くの文人・茶人が訪れ、茶会も何度となく行われてきた。中之坊の茶道は石州流であったが、流派を問わずさまざまな方《かた》が訪れた。そんな中、昭和のはじめごろ、のちに神戸市文化賞を受賞するなど、活躍された裏千家流の茶人・田中宗浄氏が中之坊を訪れ、使い古された茶室を供養してほしいと当時の實照《じっしょう》住職に依頼をしたという。

お茶を点《た》てるためにはたくさんの道具が必要である。そのうち、茶杓《ちゃしゃく》や茶椀《ちゃわん》、棗《なつめ》、茶入《ちゃいれ》などは銘《めい》をつけられるなどしながらたいへん大切にされ、中には文化財指定を受けるものもある。それに対し茶筌は名をつけて後世に残されることはない。おそらく数ある茶道具の中で最も代用の利かないのは茶筌であろうに、消耗品であるがゆえに使い古されたら捨てられてしまうのである。

このような茶筌を供養したいという思いに實照師は共感し、即座に茶筌供養を引き受けた。茶筌の供養を通じて物を大切にし感謝する心を持ってもらいたいという思いも込め、中之坊境内の鎮守社《ちんじゅしゃ》のとなりに茶筌の供養塚「茶筌塚《ちゃせんづか》」が建てられ、一九三六（昭和十一）年十一月十五日に第一回の茶筌供養会が行われたのである。

茶筌塚は東京美術学校（現・東京藝術大学）の正木直彦前学長（当時）の設計で、「茶筌塚」の文字は正木先生自らが揮毫《きごう》され、裏には裏千家十四代千宗室淡々斎《たんたんさい》宗匠による「愛《め》でられて　末《すえ》のはかなし　散《ち》る桜《さくら》」の句が刻まれている。

第一回の茶筌供養会には第十一代宮内次官の関屋貞三郎《せきやていざぶろう》氏や裏千家家元淡々斎宗匠らが参席され、裏千家流と石州流の茶席も設けられ盛会であったという。その後、茶筌供養は毎年十月または十一月の恒例行事となり、現在は十一月十六日の導《みちび》き観音《かんのん》祈願会の際に行われている。

当日は中将姫剃髪堂《ちゅうじょうひめていはつどう》の前で護摩壇が設置され、導師によって護摩が焚かれる。炉の炎の中に使い古された茶筌が投じられてお焚き上げされ、その灰が茶筌塚に納められるのである。

この日の護摩には参拝の方《かた》が願い事を書いた護摩木も炎に投じて祈願することができるので、お茶に興味のない方《かた》であってもぜひ参拝していただき、あらゆるものに感謝する気持ちを改めて思い直していただければと思う。

刀剣が出てきたら

茶室「丸窓席《まるまど》」の入り口には刀掛《かたなか》けが設けられている。刀を外して茶室に入る際の刀置きである。

武家であっても茶室に入る時には刀を外し、世俗での関係性を離れて対等にお茶を愉《たの》しむということであり、茶室「丸窓席」にあっては武家茶らしさをあらわした意匠ともいえるだろう。

庭園を回遊しながら茶室の外に目をやって見つけていただきたい。

刀といえば、中世には當麻寺に帰属する刀工《とうこう》集団があった。

平安から中世の寺院では僧侶が武装して寺を自衛しており、特に興福寺は僧兵の勢力が大きく、その影響力は大和一国に及んでいた。一時その興福寺の勢力下にあった當麻寺にも少なくない僧兵がいたようで、當麻派《たいまは》といって大和五派のひとつに数えられるほどの刀工集団を抱えていたようである。その工房は當麻寺仁王門から少し北に歩いたところにあった。

二〇二〇（令和二）年、當麻寺中之坊《たいまでらなかのぼう》の宝蔵《ほうぞう》で槍《やり》または薙刀《なぎなた》らしき三本の刀剣が発見された。いずれも黒く錆びついており、いつの時代のものか不明であった。薙刀一《ひと》振《ふり》は近世または近代の儀礼刀のようであったが、あとの薙刀と槍はいずれも中世に遡《さかのぼ》る本物の刀剣ではないかと思われた。

刀剣類の所持には「銃砲刀剣類登録証」が必要であるがこの薙刀と槍は未登録状態であったので、すぐに所轄の警察署に発見届を出し、ついで奈良県庁で美術刀剣の登録手続きを済ませた。

さてたいへんなのはそのあとである。何百年もの積み重なった錆びで真っ黒になった槍と薙刀を研磨するのである。刀剣の世界では錆びたままの状態で残しておくのは茎《なかご》とよばれる部分（束《つか》に収まる箇所）だけで、刀身のほうはきれいに研磨《けんま》するのが慣例である。幸い近隣の御所《ごせ》市に刀剣研磨処があり、これらの研磨を担当してくれることとなった。研磨することによって刃文《はもん》の美しさや地鉄《じがね》の力強さを鑑賞できるようになるだけではなく、造られた年代や刀派も判明しやすくなるのである。中世のものではないかと思える薙刀と槍のうち、特に薙刀は真っ黒に錆びついた状態でもずいぶん豪壮《ごうそう》なシルエットで、いかにも大和《やまと》で作られた刀剣という感じで期待を抱《いだ》かせた。何カ月にも及ぶ丁寧な研磨を経ると真っ黒だった刀身が鏡のようにピカピカになる。熟練の技というものはすごいものである。刀身の姿が顕《あら》わになるにつれ、薙刀のほうは予想通り地鉄《じがね》の力強さが際立ってきて、やはり大和物《やまともの》かと期待を高まらせたが、それ以上に、槍のほうから樋《ひ》と呼ばれるほかでは見られないほど精緻《せいち》で丁寧な彫り細工があらわれ、関係者を驚かせた。そしてすべての研磨を終えたあと、専門の先生方《がた》による調査が行われ、薙刀も槍もいずれも室町時代の大和刀工の作で間違いないだろうと確認された。

當麻派が最も活躍した鎌倉時代後期から南北朝時代に少し時代が下るものであったが、特に薙刀はその造りに南北朝時代の質実な様式を引き継いでおり、いかにも当時の僧兵用に作られたものという雰囲気で周囲を唸らせた。

中之坊にはもう一振《ふり》、同じく室町時代の打刀《うちがたな》が保管されているのだが、こちらは備《び》前長船派《ぜんおさふね》の刀剣で、刃文が美しくスマートな刀剣であり、今回発見された質実な大和物と比べるとその作風の違いが一目瞭然である。
これら中之坊所蔵の大和伝の薙刀と槍、そして備前長船の打刀、合計三振は霊宝殿にて順次公開しているのでご覧いただきたい。

今回のように古い寺社の宝蔵からはいつ何が見つかるかわからないが、一般のご家庭でも例えば「祖父の遺品を整理していたら突然刀剣が出てきた！」なんてこともありえない話ではない。

万が一、未登録の刀剣が見つかれば警察に届けたあと、各都道府県の登録審査会で登録審査が必要であるし、登録済みの刀剣の場合は所有者変更の手続きが必要である。貴重な文化財である可能性があるので、手にあまる場合でも決して勝手に処分したりしないようにお願いしたい。刀剣店や美術愛好家に引き取ってもらったり、博物館に譲渡するなどの方法があるので、必ず何らかの方法で後世に伝えていただきたいと思う。

そしてもし、當麻派の刀があれば、ぜひ當麻寺の中之坊にご奉納ください。刀剣自身も里帰りで喜んでくれることでしょうし、必ず大切に保存展示させていただきます。

和雅なる聲

宝蔵《ほうぞう》からの新発見だけでなく、「奈良は掘れば何か出てくる」といわれるように、當麻寺も修理や調査のたびに掘れば何かが見つかることが多い。令和から行った防災工事でも金堂《こんどう》の前を少し掘れば昔の敷石《しきいし》のようなものが見つかり昔の参拝路かと色めき立ち、講堂の前を掘れば古い焼土層が出てきてこれはあの南都焼き討ちの際の焼け跡かと盛り上がった。

この本が出ている頃には中之坊庭園《なかのぼうていえん》の修理もはじまっているはずだ。石組みの修正も行うので、何かまたこちらでも新しい発見があるかもしれない。そもそもは池の水漏れを修復しなければならなくなったことから庭園全体の損傷調査が行われたのだが、土塀の修理や石組みの修正なども必要だとわかり、本格的な大修理となってしまった。

當麻寺も中之坊も檀家制度をとらない古代寺院なので、こうした修理のたびに多くの方《かた》の浄財寄進のご支援をいただきながらなんとか貴重な文化財を次代に伝えることができている。本当にありがたいことと感謝している。

ご支援といえば、浄財のご寄進だけなく、定期的に近隣の方《かた》が草抜きに来てくださったり、近くの企業さんが何人かの社員さんを連れ立って清掃奉仕に来てくださったり、寺というものは本当に多くの方《かた》に支えられているものだと思う。

時には、うっそうと茂る竹の伐採、池の泥すくいを手伝っていただいたり、屋根の上の落ち葉を落とすのを助けていただいたり、かなりハードな作業をご奉仕いただくこともあり、なかなか申し訳ないことと思っているが、当のご本人たちは楽しみながら奉仕してくださっているようでたいへん助かっている。

現在ふだんの庭園清掃や維持管理を担当しているのは私よりもむしろ副住職の實恵《じつえ》である。

實恵は私の長男であるが、彼の當麻小学校時代の同級生が庭師《にわし》になったことで庭園の管理や花々について興味を持つようになったらしい。〝子は親の背中を見て育つ〟

というが果たしてそうだろうか。むしろ〝持つべきものは友〟というべきではないかと思う。

実際私は花の名前はそれほど詳しくはないが、實恵は境内の花の名前はほぼすべて把握していて、育て方などもよく研究しているようである。香藕園に隣接する区域に山野草を栽培・公開する場所をすべて手づくりで作りあげたりしており、なかなか大したものだと感心している。

また、こどもの頃から鳥が好きで、小学校の先生が鳥の鳴き声の出る本を紹介してくれたこともあり、今でも鳴き声を聞くと何の鳥かすぐ答えることができる。晩秋の香藕園ではセンリョウやマンリョウなどが赤い実をつけ、落ち着いた庭園を彩るが、その赤い実を鳥たちが食べに来て美しい声を聴かせてくれるので、掃除をしながらその鳥たちの声を楽しんでいるようだ。

『称讃浄土経』には〝鳥たちの和雅《わげ》なる声は仏さまの説法である〟と説かれているが、香藕園で鳥の声を聴いているとまさにそのとおりだなと思わせてくれるものである。

「お経っていいよね」

「親の心は親になってはじめて知ることを思い知った」と前に書いたのはこの實恵《じつえ》のことである（P93参照）。高校時代までの彼はどうもお寺を継ぐことにはあまり積極的ではなかったようだった。お寺は必ずしも世襲制ではないのだから長男が継いでくれなくてもそれはそれで仕方がないと思いながらも、やはり寂しい気持ちもあり、ひょっとして父・實秀《じっしゅう》もこんな気持ちだったのかなと苦笑いするしかなかったのだった。

結果的に實恵は得度《とくど》をして「實」の字を継ぎ、高野山大学に学び、高野山真別処《しんべっしょ》での修行を経て僧侶となったので、とりあえずはホッと胸をなでおろしているが、實恵は奈良県立高田高等学校で当時設けられていた教育コースに進学したため小学校の教師になりたいと思っていたようだ。高野山大学でも教員免許はとれるので高野山で僧職と教職を両方目指すことになったが、ある時にどこかの宗教団体が路上生活者の支援活動をしているのを見てふと興味を持ったらしい。そして大学三年の時に「路上生活者について調べてくる」と言って突然東京に出かけて行った。

てっきりどこか当てがあって行ったものとばかり思っていたのだがまさかのノープランだったことをあとから聞いて驚くとともに、若者の行動力というのはおそろしいなと感心もした。東京に着いた實恵はまず、とりあえず江戸川区の河川敷に行き、そこでキャッチボールをして遊んでいる中学生たちを見つけて声をかけたのだという。さすがに小学校の教師になりたいというだけあってこどもと打ち解けるのは得意だったようで、さいわい不審者として通報されることもなく、路上生活者がよくいる場所などの情報を無事に聞き出すことに成功した。そうして路上生活者の方々《かたがた》と缶拾いや日雇いの仕事などをともにする生活をはじめ、支援団体の方々《かたがた》とも関わっていくつかの団体と支援活動をともにしたりしたのだという。

およそ一カ月で約二百人の路上生活者の方《かた》と話をし、それらをまとめて書いた論文は高野山大学で社会福祉賞として表彰していただいた。

一緒に生活した方々《かたがた》に死生観などを聞いてみたところ、複数の方《かた》が「かつての家族や親戚よりも今一緒にいる仲間や支援者とあの世でも一緒にいたい」と答えたという。そしてその中の一人が「お経っていいよね。同じお経を唱えたら死んでも同じところに行けるんじゃないかな」と言ったそうで、その言葉が胸に残っているとのこと。

仏教教義についてはまだそれほど深く勉強しているふうでもないが、「お経っていいよね」という言葉が心に染みているようで、たしかに朝勤行や法要の際にはよく声を出している。お経をしっかりお唱えすることに関しては私に似てくれたと思いたいところだが、勉学より庭園に力を入れるところや少しふくよかな容姿も考えると、どちらかというと隔世遺伝で實秀《じっしゅう》に似たのかもしれない…。

師走の仏名礼拝行

師走《しわす》の語源には諸説あるが、その中のひとつに僧侶が仏名会《ぶつみょうえ》に走り回るからというものがある。

仏名会とは一千または三千もの仏さまのお名前をお唱えし、そのたびに五体投地《ごたいとうち》という礼拝《らいはい》を繰り返す法会。

仏名懺悔《ぶつみょうさんげ》という呼び名もあるように悔い改める意味があるので、一年を反省し、罪過を清めて、新たな気持ちで新年を迎えるために、多くのお寺では一年最後の十二月に行われるのである。

五体投地とは額《ひたい》・両手・両膝の五カ所を地に抛《なげう》つ礼拝で、これを立ちあがって合掌するのと交互に繰り返す。五体投地して立ち上がる、五体投地して立ち上がる、いわばスクワットかあるいはそれ以上の行《ぎょう》なので、仏名会がありがたいことはわかっていても自分ではやりたくなかったのが平安貴族たちであった。彼らはお寺にお布施をし、お坊さんを呼んで代わりに懺悔の礼拝行をしてもらったとか。そんなわけであちらの屋敷、こちらの屋敷に礼拝行の代行で僧侶が走り回らないといけない、というのが師走の由来であるという（本当かどうかはわからない）。

當麻寺中之坊《たいまでらなかのぼう》では十二月十六日の導き観音祈願会の際にこの仏名礼拝行《ぶつみょうらいはいぎょう》を行う。通常の仏名会は『仏名経』という経典に基づいて行われるが、当山の場合は當麻曼荼羅《たいままんだら》に登場する阿弥陀如来《あみだにょらい》ほか三十七尊《さんじゅうしちそん》や『称讃浄土経』に登場する十方諸仏《じっぽうしょぶつ》などの仏名をお唱えする。礼拝数はおよそ百二十回程度であるし、五体投地ではなく椅子で立ったり座ったりする簡単な礼拝を採用しているので、わりと気軽にご参加いただけると思う。気持ちよい新年を迎えるためにぜひおそれずに参加していただきたい。

十二月十六日の仏名懺悔が過ぎればいよいよ迎春準備となる。

諸堂や庭園の掃除、障子の貼り替え、お供え物の用意などが半月ほど続く。

中之坊は中之坊内の掃除に加えて東の三重塔の管理をしているのでそちらの掃除とお供えも行う。曼荼羅堂の掃除は真言方《しんごんがた》・浄土方《じょうどがた》合わせて四カ院で交替の持ち回りなので四年に一度しか回ってこないが、真言方《しんごんがた》の寺院で持ち回っている諸堂は四年のうち二年間担当が回ってくる。それらが全部重なる年回りになると、中之坊、東塔、曼荼羅堂、金堂、講堂、薬師堂、大師堂となって、お掃除だけですっかり年が暮れるのである。

私は〝痩せ〟で寒さが苦手だ。

なにもこんな寒風が身に染みる時期に大掃除をしなくてもよいのに、もう少し暖かい時期ならもっとお掃除も苦にならないのに、などとつい恨み言が口をついて出たりもする。しかし一年間使わせていただいた感謝を込め、また来年もよろしくお願いしますと念じながら、丁寧にお掃除をさせていただくと、掃除で悟りに至ったというお釈迦《しゃか》さまの弟子周利槃特《チューラパンタカ》のようにはいかないが、少しは心がきれいになったと思えてくるものである。

お供えのお餅を搗《つ》き、除夜の鐘を撞《つ》き、當麻寺の一年はおわる。

そしてまた寒い寒い修正会がやってきて新しい365日がはじまるのである。

諸行無常の響き　――あとがきにかえて

當麻寺には日本最古の梵鐘《ぼんしょう》があるが、除夜の鐘で撞《つ》かれるのはこの鐘ではなく、曼《まん》茶羅堂《だらどう》の後ろにある鐘楼《しょうろう》の梵鐘である。こちらの梵鐘は除夜の鐘のほか、毎月一日、十四日、十五日の朝に撞かれ、また練供養会式や蓮華会などさまざまな年中行事のたびにも撞かれているので、この梵鐘の重厚な音色を耳にされた方《かた》も少なくないことだろう。ほかに二十一日には大師堂の鐘が鳴り、曼荼羅堂の鐘よりも軽やかな音を響かせる。

国宝である日本最古の梵鐘は白鳳時代の鋳造《ちゅうぞう》で、仁王門入ってすぐの鐘楼にあり、見上げればその姿を見ることができる。戦時中には供出《きょうしゅつ》されそうになったそうで、それを拒んだ實照《じっしょう》師は国賊《こくぞく》と罵《ののし》られたという。よく残ってくれたものだ。現在は、竜《りゅう》頭《ず》と呼ばれる吊り下げ部が劣化してるとのことで、重量をかけられないため下から支えているので、この鐘はもう撞くことができない。

金堂の横にも鐘楼があり、この梵鐘は昭和四十年代までは金堂でお護摩が修される毎月二十八日に撞かれていたという。しかし實照《じっしょう》師遷化《せんげ》ののち金堂の管理者が中之《なかの》坊《ぼう》ではなくなった時、金堂で護摩が修されることも途絶え、梵鐘が撞かれることもなくなってしまった。

伝統や文化というものは積み重ねである。長い歴史の中で変遷もあり、そうした変遷もまた歴史であろう。もう聴けなくなった鐘の音もあれば、新たに鳴り渡る響きもある。変わらずに続いてきたもの、変わりながら続いていくもの、残念ながら途絶えてしまったもの、これから新たに歴史になっていくであろうもの。それらがすべて積み重なってお寺の歴史が続いていく。

當麻寺、千四百年の歴史の中で、私がこの寺で半世紀以上を過ごしたことなど取るに足りないことであろうが、どんな小さなことくだらないことでもそれも歴史の一部には違いない。そんなことを考えながら今回、私の見聞きしたこと覚えていることをとりとめもなく書き留めさせていただいた。

九十に近くなった父實秀《じっしゅう》に改めて昔のことを聞く機会にもなった。きっかけをいただいた興福寺辻明俊師はじめ関係の皆さまには心より感謝している。

もう撞かれることのなくなった日本最古の梵鐘。

私はこの鐘はもう何百年も撞かれてないのだろうと思っていたら、なんと父・實秀は何度かその音を聞いたことがあるという。いったいあの鐘はいつ撞いていたのかと聞くとまさかの回答が返ってきたのでこの本の最後にその答えを置いておく。

「當麻で火事があった時にはあの梵鐘で早鐘《はやがね》を撞いてたんじゃ」

日本最古の梵鐘（国宝）

當麻寺略年表

西暦（和暦）	
六一二（推古二十）年	麻呂子親王　萬法蔵院建立（當麻寺の前身寺）
六七二（天武元）年	當麻真人国見、壬申の乱で大海人皇子方に従い戦功を立てる
六七三（天武二）年	當麻真人国見、役行者から寺地の寄進を受ける
六八一（天武十）年	當麻真人国見、萬法蔵院を當麻の地に遷造し、禅林寺（當麻寺）を建立
七六三（天平宝字七）年	中将姫（横佩大納言の娘）の発願により、當麻曼荼羅が織成される
八二三（弘仁十四）年	八月、空海参拝　中之坊實辨、この時空海の弟子となり、一山真言宗となる
一一一四（永久二）年	十月、大般若経六百巻を一日書写
一一六一（永暦二）年	曼荼羅堂再建される
一一八〇（治承四）年	十二月、平重衡の南都攻めの際、別動隊により金堂は大破し、講堂は焼失する
一一八四（寿永三）年	金堂再建される
一二一七（建保五）年	當麻曼荼羅の第一回転写が行われる（建保曼荼羅）
一二一九（建保七）年	西塔修理。この時、仏舎利を納めた水晶五輪塔を奉籠
一二二三（貞応二）年	浄土宗西山派証空『當麻曼荼羅注』十巻を著わす

一二二四（貞応三）年	建保曼荼羅に藤原行能の銘文を得、當麻寺に還置
一二二九（寛喜元）年	証空、不断念仏供料として田地を施入
一二三七（嘉禎三）年	『上宮太子拾遺記』第三に「當麻寺建立事」の記事。証空、絵師播磨法眼澄円に曼荼羅を模写させ、信濃善光寺に寄進
一二四二（仁治三）年	曼荼羅堂修理。曼荼羅堂厨子の黒漆塗扉新造 この時、當麻曼荼羅を檜板に貼る
一二四三（寛元元）年	曼荼羅堂須弥壇に螺鈿を施し、完工
一二六二（弘長二）年	萬法蔵院の所在を河内国山田郷と記す
一二八六（弘安九）年	一遍上人當麻寺を参詣、『称讃浄土経』一巻を寺僧より献じられる
一三七〇（応安三）年	京都知恩院の僧・誓阿上人が往生院（現・奥院）を創建、法然上人像、『法然上人行状絵巻』が知恩院から移安、納入される
一四八七（長享元）年	翌年にかけて曼荼羅堂修理、堂を解体せずに柱を取り替え、床・斗栱・軒廻・小屋組などを取り除く
一四九五（明応四）年	十月、慶舜、當麻曼荼羅の第二回転写に着手（文亀曼荼羅）
一五〇二（文亀二）年	文亀曼荼羅転写終了
一五〇三（文亀三）年	後柏原天皇、生母の菩提のため文亀曼荼羅に金書銘を入れる

西暦（和暦）	
一五〇五（永正二）年	十月、文亀曼荼羅転写完成供養
一五三一（享禄四）年	宗胤発願の『當麻寺縁起』（絵巻）成る
一五三二（享禄五）年	「當麻寺」勅額制作
一五八三（天正十一）年	翌年にかけて曼荼羅堂修理、須弥壇・厨子の飾り金具を取り替え
一五九四（文禄三）年	二月、豊臣秀吉、吉野への途次、當麻寺に宿泊
一五九五（文禄四）年	秀吉、大和国広瀬郡大塚村の三百石を當麻寺に寄進
一六〇九（慶長十四）年	真言・浄土両宗立会の伽藍守護・本堂修行が始まる
一六三三（寛永十）年	九月、土佐・狩野派など合作の『當麻寺縁起』三巻が完成
一六七一（寛文十一）年	快空大悦『當麻曼荼羅縁起』を著わす
一六七四（延宝二）年	奥院蔵・文亀本第二転曼荼羅転写
一六七七（延宝五）年	綴織當麻曼荼羅修理。板装をはがして現在の軸装に改める。綴織の一部が付着した板を厨子背面に納める（裏板曼荼羅）
一六八四（貞享元）年	芭蕉當麻寺を参詣し「僧朝顔 幾死にかえる 法の松」の句を詠む
一六八五（貞享二）年	宝雲・良慶、當麻曼荼羅の第三回転写（貞享曼荼羅）
一六八七（貞享四）年	霊元天皇、貞享曼荼羅に銘文を付す

一六八八（元禄元）年	曼荼羅堂修理、屋根葺き替え、石段積み替え
一七六七（明和四）年	西塔露盤上の覆鉢を造替
一九一一（明治四十四）年	四天王立像修理
一九三〇（昭和五）年	松室院解体修理成る（現・登録有形文化財）
一九三四（昭和九）年	中之坊庭園が国の史跡および名勝に指定される（奈良県内の庭園で初） 金堂解体修理成る
一九三六（昭和十一）年	講堂解体修理成る　この年より茶筌供養はじまる
一九五二（昭和二十七）年	曼荼羅堂・東塔・西塔・塑造弥勒仏坐像、国宝に指定
一九五六（昭和三十一）年	梵鐘、国宝に指定
一九五七（昭和三十二）年	曼荼羅堂屋根裏より板光背を発見する
一九六〇（昭和三十五）年	曼荼羅堂修理完了
一九六一（昭和三十六）年	綴織當麻曼荼羅・同厨子、国宝に指定
二〇〇八（平成二十）年	大師堂解体修理完了
二〇一八（平成三十）年	綴織當麻曼荼羅修理完了
二〇一九（平成三十一）年	中之坊書院修理完了
二〇二〇（令和二）年	西塔修理完了　現在の貨幣などを新たに奉籠

著者

松村實昭（まつむらじっしょう）

1972年、奈良県生まれ。當麻寺中之坊貫主。同志社大学文学部卒業後、高野山専修学院で四度加行を成満し、1997年、當麻寺松室院住職・中之坊副住職に就任。2009年より現職。伝統の「當麻曼荼羅絵解き」を口伝継承し、中之坊客殿の他、大本山総持寺・国立劇場など各地で口演布教を行う。2005年、當麻曼荼羅写仏道場を開設、出張教室も開催するなど、宗教体験として行う写仏の指導者でもある。

當麻寺の365日

2025年4月6日　初版第一刷発行

著者　松村實昭
発行者　内山正之
発行所　株式会社西日本出版社
〒564-0044　大阪府吹田市南金田1-8-25-402
［営業・受注センター］
〒564-0044　大阪府吹田市南金田1-11-11-202
Tel 06-6338-3078　fax 06-6310-7057
郵便振替口座番号　00980-4-181121
http://www.jimotonohon.com/

編　集　松田きこ、森永桂子（株式会社ウエストプラン）
装　丁　平林亜紀（micro fish）
写真撮影　草田康博
写真協力　飛鳥園
印刷・製本　株式会社光邦

©2025 松村實昭 Printed in Japan

ISBN978-4-908443-97-8

乱丁落丁はお買い求めの書店名を明記の上、小社宛てにお送りください。
送料小社負担でお取替えさせていただきます。